Daniel Häni
Philip Kovce

Liberté toujours

Préface:
Philippe Van Parijs

Traduction:
Isabelle Ablard-Dupin
René Wisser

Libe

Liberté

té

toujours

Daniel Häni est entrepreneur. Il est co-fondateur et PDG du plus grand coffee-house Suisse « unternehmen mitte » ainsi que co-initiateur de l'initiative populaire suisse pour un revenu de base inconditionnel. L'initiative a été présentée avec succès en 2013, et a reçu des réactions positives des médias dans le monde entier.

Philip Kovce est chercheur associé à la Chaire d'Économie et de Philosophie à l'université de Witten/Herdecke, première université privée d'Allemagne. Il est membre du « tt30 », le Think Tank des jeunes dirigeants du Club of Rome, et travaille pour plusieurs journaux allemands.

Philippe Van Parijs est philosophe et économiste. Il est actuellement professeur à l'université catholique de Louvain et à Oxford. Il a également été professeur à Harvard. Promoteur du revenu de base inconditionnel, il a fondé en 1986 le Basic Income European Network, rebaptisé en 2004 Basic Income Earth Network.

Le prix de la liberté est le libre choix.

Gottlieb
Duttweiler

Publié par
First World Development
Gerbergasse 30
CH-4001 Basel
www.first-world-development.org
© 2016 Daniel Häni, Philip Kovce
Tous droits réservés.

Première publication du livre en allemand
Was fehlt, wenn alles da ist?
Warum das bedingungslose Grund-
einkommen die richtigen Fragen stellt
© 2015 Orell Füssli Verlag AG, Zürich
Tous droits réservés.

Editeur : Christina Lambrecht, Namur,
Maxime Le Roux, Freiburg
Couverture & Disposition :
Tobias Handorf | www.neoactio.com
Impression : CreateSpace Independent
Publishing, North Charleston

1re édition 2016

Imprimé aux États-Unis
ISBN 978-1542302401

Sommaire

La réalité de la division du travail **28** | Le plein vide **30** |
Celui qui n'a pas d'argent nuit à l'économie **32** | Être
social, c'est abolir le travail **34** | Plein emploi ou emploi
sensé ? **35** | Que manque-t-il quand on manque de
personnel qualifié ? **38** | Quelle en sera la conséquence
nécessaire ? **41** | La schizophrénie du « work-life » **42** |
En enfer sur Terre ou Celui qui ne mange pas ne pourra
pas non plus travailler **44** | Au paradis sur Terre ou Celui
qui ne veut pas penser sera jeté dehors **45** | Celui qui

73 Intermède I:
Ceux qui sont contre

3 — La liberté

Dans quelle mesure serons-nous libres,
si nous ne contraignons plus personne ?

Préfa

Préface

La marche mondiale vers le revenu de base inconditionnel : merci à la Suisse !

Philippe Van Parijs

Préface

de Philippe Van Parijs

La marche mondiale vers le revenu de base inconditionnel : merci à la Suisse !

Ce 5 juin 2016 marquera d'un jalon notoire l'avancée de la marche vers la mise en œuvre des régimes de revenus de base inconditionnels. Il a été demandé à tous les citoyens suisses d'exprimer leur approbation ou leur opposition à la proposition suivante : 1. La confédération introduit un revenu de base inconditionnel ; 2. Le revenu de base doit être éligible pour tous ; 3. La loi déterminera le financement et le montant de ce revenu de base.

La proposition a été rejetée, avec 76,9% de votes contre et 23,1% de votes favorables. Pourquoi ce refus était-il prévisible ? Et pourquoi est-ce un tel pas en avant ?

Pour répondre à ces questions, un bref aperçu historique s'impose. En 2008, le réalisateur allemand Enno Schmidt et l'entrepreneur suisse Daniel Häni, tous deux basés à Bâle, ont produit

Grundeinkommen: ein Kulturimpuls, un film-essai qui a permis l'introduction d'une vision simple et attractive d'un revenu de base. La diffusion de ce film sur internet a aidé à préparer le terrain d'une initiative populaire favorable à la proposition mentionnée plus haut, qui a été lancée en avril 2012. Une autre initiative populaire avait proposé, en mai 2010, un revenu inconditionnel financé spécifiquement par une taxe sur les énergies non renouvelables, mais avait échoué à réunir le nombre de signatures requises. Les initiateurs de la proposition lancée en 2012 ont d'abord pensé à proposer un revenu de base financé par la Taxe sur la Valeur Ajoutée (TVA), comme présenté dans le film, mais ont abandonné l'idée par peur de voir se réduire leurs soutiens. Ils ont aussi choisi de ne pas faire porter le vote sur un montant précis de revenu de base. Cependant, leur site mentionne un montant de 2500 Francs Suisses par adulte et 625 Francs Suisses par enfant comme la meilleure interprétation de ce qui est requis en Suisse, «pour vivre dignement et participer à la vie publique». Si une initiative recueille plus de 100'000 signatures validées en l'espace de 18 mois, le conseil fédéral et le gouvernement national Suisse ont l'obligation d'organiser un référendum à l'échelle nationale. Si une majorité de votes favorables est obtenue, ces instances ont trois ans pour appliquer le texte, ou pour négocier une contre-proposition avec les initiateurs.

Le 4 octobre 2013, les initiateurs ont remis les spectaculaires 126'406 signatures validées à la chancellerie fédérale. Le 27 août 2014, après validation des signatures et examen des arguments, le conseil fédéral a rejeté l'initiative sans faire de contre-proposition. De leur point de vue, «un revenu inconditionnel de base aurait des conséquences négatives sur l'économie, le système de sécurité sociale, et sur la cohésion de la société. En particulier, le financement d'un tel revenu impliquerait une augmentation considérable de la charge fiscale».

La proposition a été subséquemment soumise aux deux chambres du parlement Suisse. Le 29 mai 2015, la Commission Sociale des

Affaires du Conseil National (le Conseil National est l'équivalent de l'Assemblée Nationale en France) ont recommandé à 19 votes contre 1, avec 5 abstentions, que la proposition pour un revenu de base inconditionnel soit rejetée. Après discussions approfondies en session plénière le 23 septembre 2015, le conseil national a procédé à un vote préliminaire et approuvé la recommandation négative, par 146 votes contre 14 et 12 abstentions. Le 18 décembre 2015, le Conseil d'État (sénat Suisse, constitué des représentants de cantons) a considéré à son tour l'initiative et l'a rejetée par 40 votes, contre 1 en faveur et 3 abstentions. Ce même jour, la proposition était l'objet d'un second et vote final au Conseil National : 157 votes contre, 19 en faveur et 16 abstentions.

Dans tous les cas, tous les représentants de l'extrême droite, du centre droit et des partis du centre ont voté contre cette proposition. Les votes pour et les abstentions sont venus des partis socialistes et des partis verts, deux partis très divisés en leur sein. Au vote final du Conseil National, 15 socialistes ont voté pour, 13 contre, et 13 se sont abstenus, pendant que 4 verts ont voté pour, 5 contre et 3 se sont abstenus. Le degré de soutien a ainsi oscillé entre 0% au Conseil Fédéral, 2% au Conseil d'État et 4, 8 et 10% au Conseil National (commission, préliminaire et vote final).

Concernant le vote populaire de ce 5 juin 2016, les dirigeants nationaux de presque tous les partis (parti socialiste inclus) ont recommandé un « non » pour le vote. Les seules exceptions ont été le parti vert et le parti pirate (quasiment sans élus) qui ont eu recommandé un « oui », rejoint par un certain nombre de sections cantonales du parti socialiste réparties sur les trois territoires linguistiques.

Dans ce contexte il était tout à fait prévisible que le vote « non » l'emporterait. Le résultat actuel de presque 1 vote contre 4 pour le « oui » — avec des pics à 35% dans le canton de Genève, 36% dans le canton de Basel-Stadt, 40% dans la ville de Berne et 54% dans le district central de Zürich — est loin de ce que le résultat de vote du parlement Suisse laissait présager.

Aussi, nous devons garder à l'esprit que la Suisse est peut-être le pays, en Europe, pour lequel un soutien pour un revenu de base inconditionnel pourrait être considéré le moins probable. Non seulement à cause de la profonde imprégnation d'une éthique de travail calviniste, mais surtout compte-tenu du faible niveau de chômage et de pauvreté comparé au reste de l'Europe.

Chacun réalise maintenant que, même si l'initiative n'a pas réussi à rassembler les votes de plus des 2,5% de citoyens suisses qui avait donné leurs signatures à la première étape, cela aura été, grâce à l'endurance des initiateurs et à leurs impressionnantes compétences en communication, un magnifique succès. Les suisses ont exploré et largement débattu des avantages et inconvénients de cette proposition, plus qu'aucun pays ne l'a probablement fait ces quatre dernières années.

L'effet n'est pas resté confiné en Suisse. Les jours précédant le vote populaire, *The Economist*, *The Wall Street Journal*, *The Financial Times*, *The New York Times*, *The Guardian* et un nombre incalculable de journaux de par le monde ont publié des articles conséquents pour expliquer ce qu'était un revenu de base et ce que cela représentait. Il n'y a probablement jusque-là jamais eu autant de temps et d'espace alloué par les médias autour du revenu de base. En plus d'avoir donné un gros coup d'accélérateur à la diffusion de l'idée, l'initiative suisse a contribué largement à la maturation du débat autour de celle-ci.

Une leçon ressort de cette expérience : si une proposition stipule un haut montant de revenu de base, sans en préciser le financement, elle pourra facilement engager le nombre de signatures requises pour un vote. Cependant la majorité des votants pourrait se détourner le jour venu (46% de l'électorat dans ce cas), il reste donc un travail laborieux pour les mobiliser. Une étoile brillante indiquant la direction pour la première étape est suffisante, alors que des balises visibles au sol et jalonnant une voie sécurisante est essentielle pour aboutir.

Quoiqu'il en soit, j'ai été invité à rejoindre le débat suisse et ai argumenté en un mot qu'un revenu de base individuel de 2500 Francs Suisses — soit 38% du PIB par habitant — serait politiquement irresponsable. Il est vrai que personne ne peut prouver qu'un tel niveau de revenu de base inconditionnel ne serait pas économiquement viable. Pas plus qu'on ne pourrait prouver qu'il l'est.

De plus, il n'est pas déraisonnable de penser que la viabilité économique d'un revenu de base inconditionnel à ce niveau supposerait un certain nombre de conditions actuellement non satisfaites, entre autre l'introduction de nouvelles formes de taxations — par exemple, une micro taxe sur les paiements électroniques ainsi qu'une coopération internationale contre l'évasion fiscale pourraient être des enjeux intéressants dans le débat Suisse, la lutte contre l'évasion fiscale n'étant pas un point fort de la Suisse.

Dans un futur immédiat, même s'il faut être bien clair qu'il s'agit plus d'une avancée modeste mais symbolique, la proposition peut et doit être travaillée et débattue. Appliquer un revenu de base inconditionnel à un plus faible niveau (disons, 15 ou 20% du PIB par habitant), impliquerait un maintien des allocations soumises aux conditions de ressources ou des allocations logement. Non pas parce que le revenu de base inconditionnel serait insuffisant en lui-même à «permettre à toute la population de vivre dignement», mais plutôt car il créerait une sécurité, un pouvoir de négociation et la liberté de choix pour les plus vulnérables d'entre nous.

À court terme, introduire un tel revenu de base serait définitivement viable économiquement. C'est à nous de le rendre politiquement réalisable.

Inédite, l'initiative Suisse n'a pas seulement sensibilisé quelques personnes à la nature et la taille des défis auxquels il faudra faire face au XXIᵉ siècle, et à comment un revenu de base pourrait nous aider à les affronter; en déclenchant des objections parfois naïves, parfois pertinentes, elle a aussi aidé les défenseurs d'un revenu de base à aiguiser leurs arguments et à dessiner les prochaines étapes de façon plus réaliste.

Pour toutes ces raisons, les citoyens suisses ayant consacré beaucoup de temps, d'énergie et d'imagination pour la campagne du OUI, méritent une chaleureuse gratitude; pas seulement de la part du mouvement mondial pour un revenu de base, mais plus largement de la part de toutes les luttes pour une société libre et une économie saine.

Prolo

Prologue

**De quoi
parlons-nous?**

Prologue

De quoi parlons-nous?

Le questionnement transforme tout. Quelle serait votre activité si on vous allouait un revenu? Prenant à cœur cette question, les réponses sont: la vie suivrait un autre cours — rien ne serait plus comme avant, on ne pourrait plus revenir en arrière.

Celui qui pose une question, remet en même temps quelque chose en cause. Ce qui paraissait évident ne compte plus, du moins plus comme une évidence. Les questions font perdre l'équilibre aux choses dépassées et donnent du poids à ce qui est nouveau. Elles offrent l'occasion de s'exprimer et de se mettre d'accord. Elles aplanissent le chemin vers l'avenir que nous voulons emprunter ensemble.

Les bonnes questions suscitent les meilleures réponses et n'en imposent à personne. Elles approfondissent et élargissent. Elles mettent le doigt sur ce dont il s'agit et laissent en suspens ce qui va suivre. Meilleures seront les questions que nous approfondirons ensemble, mieux nous nous comprendrons.

Le référendum suisse pour un revenu de base inconditionnel questionne, non sur des détails accessoires mais bien sur des choses fondamentales. Il ne s'agit pas d'un revenu minimum. Il s'agit encore moins de reprocher le haut revenu de certains, ni de réfléchir à un taux de TVA sur les saucisses à frire consommées au restaurant ou d'une taxe radio ou télévision, ni de discuter sur les limitations de vitesse ou des privilèges fiscaux, mais il s'agit de décider comment réaliser ce défi.

L'initiative populaire pose deux questions : premièrement, qu'est-ce que je souhaite réellement ? Que ferais-je si un revenu m'était assuré ? Pour quelle chose m'engagerais-je si je pouvais décider en toute liberté ? Cette question me confronte à moi-même ; elle m'interpelle comme individu ayant le droit à la liberté et l'autonomie. Qui suis-je, comment me vois-je ?

Voici la deuxième question : suis-je disposé à accorder aux autres, sans condition, une base existentielle ? Puis-je me faire à l'idée qu'ils vont percevoir un revenu sans pour autant remplir des obligations ou produire une prestation ? Suis-je prêt à permettre aux autres de déterminer eux-mêmes leur existence ? Ces questions concernent les autres en tant qu'individus ayant le droit de disposer d'eux-mêmes, il s'agit de l'image que je me fais d'eux.

Si le revenu de base inconditionnel procédait d'une décision royale, gouvernementale ou parlementaire, son effet serait bien moindre que si l'ensemble d'une population votante d'un pays s'engageait à réfléchir aux questions que pose ce revenu socle. Ces questions nous concernent, individuellement. Il est donc important de se les poser et de ne pas attendre la réponse des autres.

Que manque-t-il lorsque nous disposons de tout ? Cette question se pose non seulement face à la pénurie dans l'abondance, mais aussi face à la pauvreté dans la richesse, face au vide dans le plein.

Ces questions seront discutées dans les trois chapitres traitant le travail, le pouvoir et la liberté. Que feriez-vous si tous les autres travaillaient pour vous ? Qui décidera lorsque chacun aura le droit de décider pour lui-même ? Jusqu'où s'étendra notre liberté lorsque personne ne contraindra plus personne ?

Cet ouvrage est né à la manière d'un jeu. Durant des semaines, le soir, à tour de rôle, nous nous sommes posé l'un l'autre des questions concernant le revenu de base inconditionnel. Le lendemain nous nous retrouvions avec nos réponses qui sont devenues la base de ce livre. C'est un livre qui propose et qui recherche toujours la confrontation dans l'aphorisme. Un livre qui sédimente, qui, d'un passage à l'autre, condense les idées, et qui, d'un chapitre à l'autre, éclaire les phénomènes.

Les auteurs qui savent tout mieux ennuient ou méprisent leurs lecteurs. Cette prétention de toujours tout connaître peut-être vaincue par l'humour et le doute. Nous avons au mieux, comme un clin d'œil, formulé de bonnes questions qui, bien sûr, ne présentent nullement le revenu de base inconditionnel comme la solution qui résoudrait tout, mais bien comme une clé générale qui propose une approche des problèmes actuels.

Les idéologies suggèrent leurs propres réponses. Le revenu de base, s'il n'est pas une idéologie veut suggérer les bonnes questions.

Le tr

Le travail

Que feriez-vous si tous les autres travaillaient pour vous?

1 — Le travail

Que feriez-vous si tous les
autres travaillaient pour vous ?

La réalité de la division du travail

Nous travaillons. Nous l'avons toujours fait. Seules la manière dont nous organisons notre travail, la considération que nous avons à son égard et le concept que nous nous en forgeons ne cessent de se modifier. Jadis nous étions dans un face à face avec la nature : elle nous défiait tout en nous nourrissant. Nous nous sommes développés à son contact et avec elle. Aujourd'hui, notre partenaire est avant tout la technologie. Elle nous défie tout en étant à notre service. À l'avenir nous nous positionnerons toujours davantage face à nous-même et face aux autres. Nous sommes confrontés à tout ce que nous ne maîtrisons pas, ou ce que nous ne pouvons pas évaluer. La division du travail est le processus qui, socialement, nous a conduits à l'économie ouverte où chacun dépend des autres.

Que signifie «division du travail»? Cela veut dire que dorénavant, plus personne ne peut tout faire tout seul, et que nous séparons les processus de production et de service en plusieurs étapes. Cela permet de développer le savoir professionnel, et d'en augmenter la productivité. La division du travail est le processus qui, sociale-ment, nous a conduit à l'économie ouverte (open source économie) où chacun dépend des autres.

Dans l'autosuffisance, je travaillais pour moi-même, tandis que dans l'économie de marché globale, je travaille pour les autres. Dans le système autarcique, les fruits du travail me revenaient ainsi qu'à ma famille, et qu'à mon clan. Le gibier abattu à la chasse, les récoltes de mes champs servaient à ma propre subsistance. Je consommais ce que je produisais.

Aujourd'hui, au temps du partage et de la division du travail, les choses changent: je travaille pour les autres et les autres tra-vaillent pour moi. Mon travail ne participe plus que pour une part minime à la production. Peut-être suis-je responsable du person-nel dans une grande entreprise et qualifié pour les demandes de candidature. Ou bien me voilà enseignante, éduquant de jeunes êtres humains, les préparant ainsi à leur activité future. Il est aussi possible que je sois chauffeur de camion, responsable d'un grand nombre de produits que je distribue quotidiennement? Ce qui est une évidence: je ne consomme plus directement tout ce que je pro-duis. Par rapport au travail, c'est donc le plus grand tournant dans l'histoire de l'humanité.

Cette réalité de la division du travail, on pourrait la désigner comme structurellement l'amour du prochain. Nous n'avons plus besoin qu'on nous invite moralement à avoir une attitude sociable et à faire participer les autres à notre réussite, car tout est déjà organisé afin que, à chaque instant, nous travaillions pour les autres. On ne peut être plus social! Et pourtant nous nous imaginons que nous travaillons pour nous, parce que notre travail est rémunéré. Nous pensons que le salaire perçu grâce au travail pour les autres est comme le gibier que nous rapportions autrefois de la chasse. Nous confondons rémunération et signification du travail. De même que jadis nous partions à la chasse, nous allons à présent sur le marché du travail, nous y saisissons le premier job venu et considérons l'argent gagné comme du gibier, comme un ours que nous venons d'abattre dans un taillis.

Cela signifie quoi? Il faut savoir qu'aujourd'hui je mène mon existence grâce à ce que les autres produisent. Ils ne sont plus mes ennemis et mes adversaires, mais mes frères et mes fournisseurs. Les adversaires se font concurrence, les amis collaborent. Si plus personne ne travaillait pour moi, je n'aurais plus rien et je retomberais dans l'autosuffisance jadis naturelle.

Quelle en est la conséquence? Puisque je vis du travail accompli par les autres, je ferais bien de faire en sorte qu'ils aiment travailler pour moi. Si je désire consommer de bons produits, je dois m'assurer qu'ils puissent être fabriqués dans de bonnes conditions, et que ceux qui travaillent pour moi puissent le faire dans les meilleures conditions possibles.

Selon l'auteur suisse, Ludwig Hohl, «l'égoïsme n'est pas un autre monde, simplement un monde plus restrictif». L'égoïsme «n'est pas l'inverse de l'ouverture au monde, mais n'est que son stade préliminaire».[1] Rien ne sert de clouer au pilori l'égoïsme actuel, il ne faut pas le diaboliser, mais le comprendre, alors il se transformera mentalement dans ce qu'il est en réalité: structurellement l'amour du prochain.

Le plein vide

Nous vivons actuellement dans l'abondance. Depuis les chasseurs-cueilleurs jusqu'à la révolution industrielle, en passant par les grandes cultures de l'Antiquité et le Moyen-Âge, la Renaissance, les Lumières et jusqu'à la première moitié du XXe siècle, le principe de pénurie primait. Seuls quelques puissants vivaient bien, mais eux non plus n'avaient ni eau chaude sortant du robinet, ni jet privé, ni smartphone.

Depuis l'enseignement de l'économie domestique d'Aristote jusqu'aux précurseurs de l'économie nationale tels qu'Adam Smith, David Ricardo ou Léon Walras, la pénurie fut toujours à la base des théories économiques. Aujourd'hui encore, beaucoup continuent à souffrir du manque du minimum vital. Pourtant, depuis longtemps, la pénurie a perdu son caractère de nécessité. Entre temps c'est nous qui l'avons générée, tout comme nous avons généré la surabondance.[2]

Nous sommes capables de nourrir une population supérieure à celle qui vit actuellement sur terre. Mais, nombreux sont ceux qui souffrent de la famine parce que nous utilisons la richesse comme si elle était insuffisante, un bien mesuré, une ressource limitée. Nous sommes donc en mesure de créer le manque, mais nous pouvons aussi créer la surabondance. Ce qui nous fait défaut, c'est de traiter avec générosité et équitablement cette abondance réelle. L'existence de cette surabondance nous oblige à agir avec plus d'humilité afin d'éviter de devenir avare et cupide : deux comportements en rapport avec la pénurie.

Le revenu de base inconditionnel nous permet de prendre au sérieux et de traiter objectivement cette abondance afin qu'elle ne soit plus ressentie subjectivement. Celui qui se voit en permanence guetté par un manque matériel, court tel un animal à travers le monde à la recherche de nourriture. Il se bat sur le terrain de chasse de ses semblables ou mange docilement dans la main de son maître.

Le revenu de base inconditionnel fait voler en éclats l'autosuffisance animale. Seul l'être humain est capable d'un partage de grande envergure. Le monde animal connaît aussi, bien sûr, la division du travail, mais seul l'être humain est à même de confier ses besoins vitaux entre les mains de ses semblables, une situation devenue évidente grâce à l'industrialisation.

Le sociologue Georges Bataille fut l'un des premiers à formuler une théorie de la surabondance qui, selon lui, s'exprime sous deux formes : de façon prodigue comme par exemple dans l'art, ou bien destructrice tel un acte terroriste.[3]

Le revenu de base inconditionnel permet à la surabondance de ne pas seulement s'exprimer dans la générosité ou dans la destruction mais aussi de manière féconde. Pénurie et surabondance ne sont que l'expression d'une forme d'embarras : la pénurie ne sait pas où acquérir les choses, la surabondance ne sait pas quoi en faire.

Le philosophe Peter Sloterdijk décrit le revenu de base inconditionnel comme « un moyen pour la société moderne de laisser derrière elle l'Ancien Régime, qui était une société de pénurie et de carences créées artificiellement ».[4] Si cela nous réussissait, nous démontrerions, librement, notre capacité de voir les choses autrement.

Celui qui n'a pas d'argent nuit à l'économie

Le problème posé par l'opulence n'est pas la production, mais la vente. Les rayons sont pleins, tout est là. Pour vendre, la publicité est devenue une branche de l'économie. Partout on cherche à écouler des produits et tous les moyens sont permis. Comment gagner plus de clients ? Comment mieux les fidéliser ? Comment leur vendre davantage ? Nul n'évoque un problème de surproduction.

La récession, ce n'est pas lorsque nous produisons moins, mais lorsque la vente diminue. Même pour le dernier iPhone, la demande ne dépasse l'offre que de quelques heures ou de quelques jours, ce qui en plus n'est qu'un artifice publicitaire, puisque c'est la mise en scène d'une pénurie.

Personne ne l'avouera: «Nous avons un problème insoluble car la demande est trop forte.» Ce qui l'emporte c'est plutôt la peur de l'affaiblissement de la demande. Elle est plus forte que la peur de ne pas pouvoir suivre la demande.

La question n'est plus de produire plus, mais de produire un peu moins. Et ça c'est déjà plus difficile. Le plus dur pour une entreprise, c'est une production en déclin. Aussi longtemps que la demande est plus forte que la production, on peut, la plupart du temps, s'adapter rapidement et sans trop de risques. L'entreprise qui continue à croître se trouve devant un grand défi: est-il opportun du point de vue entrepreneurial de diminuer la production sans perte?

Nous faisons semblant de vivre dans la pénurie! La crise économique, c'est lorsque nous avons trop peu d'argent pour consommer. Le problème, ce n'est pas la perte de travail, mais la perte du pouvoir d'achat. La spirale négative de la crise économique commence par une insuffisance des ventes. Lorsque celles-ci régressent, beaucoup de gens perdent leur emploi, ce qui conduit à encore moins de pouvoir d'achat, puis à encore plus de pertes d'emploi. La perte de revenu est leur sort. Dans une telle situation, le revenu de base inconditionnel constituerait un programme conjoncturel efficace. Il donnerait aussitôt des ailes aux économies de l'Espagne, de la Grèce, du Portugal, de l'Italie et de la France.

Dès l'instant où quelqu'un aurait suffisamment d'argent pour consommer, il stimulerait la production. Si la consommation faiblit, elle affaiblit la production. Celui qui ne peut payer est économiquement sans valeur. Celui qui n'a pas d'argent fausse le marché! Ce marché s'effondrerait si un mouvement politique se formait et réussissait à empêcher tout achat.

Actuellement, la Chine crée toujours plus de services sociaux afin de faire baisser le taux d'épargne et d'éviter une thésaurisation du capital pour qu'il puisse être remis en circulation.[5] Dans toute l'Europe, ce sont les ménages suisses qui disposent du plus fort taux d'épargne suivis de près par le Luxembourg et l'Allemagne.[6]

Le revenu de base inconditionnel pourrait faire baisser ce taux, puisqu'il garantit la sécurité de l'existence en vue de laquelle les gens gardent leur argent au lieu de le dépenser. Le moteur de la production est un fort pouvoir d'achat. Ce n'est pas la production qu'il faut soutenir, mais le revenu. Sans revenu, pas de marché. Le revenu de base inconditionnel soutiendrait les salaires et stabiliserait en même temps le marché.

Être social, c'est abolir le travail

Il y a autant de travail que d'êtres humains. Il est impossible de partager le travail équitablement, mais il est tout aussi injuste d'empêcher des êtres humains de travailler. Pourtant, c'est ce qui arrive lorsque nous considérons le travail comme objet de valeur et que nous l'utilisons comme monnaie d'échange.

Le travail n'incarne pas cette valeur, il est tout juste le créateur de valeurs. La grande tragédie de devoir travailler pour gagner sa vie, réside dans le fait que le travail et la rémunération sont intimement liés. Le revenu de base inconditionnel dissout cette imbrication grâce à la création d'un minimum vital, et fluidifie l'idée sur le travail. Pourquoi est-il nécessaire de partager équitablement le travail ? Pourquoi le temps de travail devra-t-il être diminué ?

Le travail serait-il un bien rare ? Doit-on le répartir mieux ? Si on est dépendant du travail pour gagner sa vie, la réponse est «oui». Nous appelons demandeurs d'emploi les chômeurs qui ont besoin de travail pour survivre. Ils demandent du travail et quand quelqu'un leur en donne on l'appelle un employeur. On en est là: ceux qui veulent travailler sont des demandeurs d'emploi. Alors cela signifie: «Merci de me donner le droit de travailler pour vous»;

ou encore au magasin: «Merci de venir acheter chez nous.» On remercie celui qui vous donne quelque chose ou qui fait quelque chose pour vous mais on ne dit pas: «Merci beaucoup de m'avoir permis de faire pour vous le gâteau que vous allez emporter.»

Quand nous achetons un gâteau nous devrions dire: «Merci beaucoup pour ce gâteau, merci de l'avoir fait et merci à tous ceux qui ont contribué à rendre possible la confection de ce gâteau. Merci au livreur de farine, au meunier, au paysan, au monde entier.»

Nous vivons dans un monde qui marche à l'envers: ceux qui prennent quelque chose exigent qu'on les en remercie et ceux qui donnent doivent remercier. La raison: nous avons fait du travail un bien «borné». Le concept de travail est inversé, il marche sur la tête. La tête repose sur la terre, les jambes pendent en l'air, les idées sont piétinées. Résultat: nous souffrons de surabondance. Nous produisons sans réfléchir, en passant à côté des besoins.

Celui qui observe les gens en train de simplement jeter leurs déchets sur la place publique au lieu de les mettre dans les poubelles, aura souvent comme réponse que ces «malfaisants» se considèrent souvent comme des bienfaiteurs, car finalement, ils assureront des emplois, et ils ont raison. Mais en fait, leur attitude n'est pas sociale, au contraire, c'est asocial d'assurer du travail aux autres. On les oblige à s'occuper de nos déchets. Ce qui est social n'est pas de fournir du travail mais d'abolir le travail. C'est asocial d'obliger d'autres à ramasser nos déchets, et cela ne vaut pas que pour les déchets.

Plein emploi ou emploi sensé ?

Les experts du travail, auxquels les nombreux chômeurs donnent des migraines, continuent inébranlablement à encourager et à exiger le plein emploi. Mais derrière cet idéal, que se cache-t-il donc? Bien qu'ils n'arrivent pas à diminuer le grand nombre de chômeurs, ces mêmes experts de travail restent convaincus d'atteindre le plein emploi avec toujours les mêmes tactiques de «soutenir et exiger». Mais que se cache-t-il derrière cette idée du plein emploi?

Selon la définition établie, il y a plein emploi dès lors que toute la population d'un pays peut bénéficier d'une activité rémunérée. Celui qui recherche un emploi et n'en trouve pas est un sans-emploi. L'âge, la qualification, le domicile et beaucoup d'autres éléments jouent un rôle pour décrocher un emploi. Le but: ne pas être sans emploi, mais exercer une activité. Rolf Zimmermann, secrétaire général de la fédération syndicale suisse affirme: «Pour nous, les syndicats, le plein emploi n'est pas simplement une utopie irréalisable, mais un but politique.»[7] Et Angela Merkel ajoute: «Le travail pour tous devrait être un but à ne pas perdre de vue.»[8]

En 1995, des politiciens de renom, des entrepreneurs et des scientifiques se rencontrèrent à San Francisco sur l'invitation de la fondation Gorbatchev afin de mener une réflexion commune sur l'avenir. Il s'agissait pour l'essentiel de réfléchir sur la thèse montrant qu'au cours du 21e siècle, 20% d'actifs suffiraient pour maintenir la dynamique de l'économie mondiale.

L'économiste américain Jeremy Rifkin, maître penseur de la société dite des 20-80, analyse dans son best-seller *La fin du travail* les conséquences du progrès de la technologie et arrive à la conclusion que c'est le travail lui-même qui fera disparaître le travail.

Pour lui, des millions d'emplois disparaîtront comme conséquence de la rationalisation et de l'avancée des technologies informatiques. «L'intelligence artificielle et les systèmes de reconnaissance de la parole élimineront toujours plus le travail de bureau. Le commerce de détail représente un autre champ qui s'éloigne toujours davantage de la vente physique vers la vente numérique. Cela commence à alarmer les avocats, les comptables et les radiologues. Les machines et les algorithmes nous déroberont notre travail, et c'est déjà en train de se passer.»[9] Dirk Helbing, chercheur des sciences de la complexité à l'école polytechnique de Zurich (ETH) souligne cette dynamique: «Rien ne sera plus comme avant. Dans la plupart des pays européens, 50% des emplois actuels disparaîtront».[10]

Rifkin réfute la logique qui prétend que le progrès technologique et la productivité renforcée rendront d'anciens emplois superflus, ce qui est vrai, mais qu'ils en créeront également beaucoup de nouveaux. Pour lui, ce n'est pas l'arrivée de la société 20-80 qui est un problème en soi, mais la manière dont nous la traiterons. «Le rôle de l'individu dans une société massivement sans emploi devra être défini de manière nouvelle et ce sera peut-être la mission la plus essentielle du siècle à venir», dit Rifkin en 1995.[11]

Beaucoup ne partagent pas les pronostics de Rifkin et préfèrent s'en tenir à l'opinion de Robert Solow: «La peur de l'automatisation du monde du travail est tout aussi infondée que celle d'un choc avec un gigantesque astéroïde.»[12] Les arguments des adversaires de Rifkin sont les suivants: puisque nous vivons de plus en plus longtemps et que nous nous reproduirons moins, il y aura, suite à ce changement démographique, une pénurie sans pareil de forces de travail qualifiées. Il y aura toujours moins de travailleurs qualifiés et ils ne pourront pas subvenir aux besoins d'un nombre toujours croissant de ceux qui ne pourront pas s'adapter, de sorte qu'il n'y aura pas pénurie de travail, mais un besoin insoupçonné de personnel qualifié.

Indépendamment de ce que devraient faire, dans le futur, les êtres humains et les machines, l'idée du plein emploi nous conduit dans la mauvaise direction: cette idée dégrade la notion de travail qui devient alors un simple passe-temps, une occupation. Un travail qui ne s'accomplit que lorsqu'il y a quelque chose à faire. Une occupation, elle, peut se pratiquer même s'il n'y a rien à faire.

L'idée du travail à temps plein provient du fait qu'à travers le travail rémunéré nous nous identifions socialement. Celui qui a un emploi, perçoit une rémunération. L'exigence d'un travail rémunéré est plus essentielle que la question de savoir de quelle manière nous travaillons et à quoi nous nous occupons : peu importe quoi — peu importe comment, l'essentiel, c'est de travailler.

Le but suprême pour les politiciens est de créer du plein emploi rémunéré afin de pouvoir en tirer des cotisations sociales. Le plein emploi est le symbole de la confusion sous prétexte qu'il faut occuper les humains. Mais le travail, il ne faut pas le créer ou le rémunérer, il faut l'exécuter. Celui qui est actif de manière sensée, travaillera dès lors qu'il y aura du travail. Il y aura toujours quelque chose à faire, évidemment, mais pas forcément sous la forme d'un travail rémunéré. Celui-ci diminuera progressivement. Theo Wehner, professeur à l'ETH de Zurich conclut : «Le plein emploi est une représentation plus utopique que le revenu de base inconditionnel.»[13]

Que manque-t-il quand on manque de personnel qualifié ?

Les êtres humains vieillissent, les machines se perfectionnent. On voit bien où cela nous mènera : vers ce qu'évoquent Rifkin et d'autres, vers la fin du travail. Selon leurs thèses, la rationalisation et le numérique nous libèrent des travaux pénibles. En même temps, nous avons une pénurie croissante de personnels qualifiés. Déjà actuellement il y a un déficit en ingénieurs, informaticiens, soignants, médecins, enseignants. Et à l'avenir il y en aura davantage. Qu'est-ce que cela signifie ?

Le revenu de base inconditionnel pourra financer la formation de chacun, selon ses capacités et cela tout au long de sa vie. Ce revenu n'est pas une fin en soi. Seul celui qui se rend compte qu'il ne peut pas tout seul pourvoir à tout pour son existence, pourra véritablement travailler pour et avec les autres. Celui qui connaît ses propres capacités reconnaîtra plus facilement le besoin des autres. Voilà ce que le revenu de base inconditionnel pourrait provoquer : le développement soudain et rapide de forces qualifiées.

Mais, alors, que se passera-t-il pour les entrepreneurs à qui manquent actuellement déjà du personnel qualifié ? Que deviendront les tâches qui ne pourront plus être effectuées ?

Le manque d'offre d'emploi pour des demandes d'emploi existantes repose sur plusieurs facteurs qui, d'une manière ou d'une autre, sont liés à un manque d'attractivité. C'est peut-être une question de rémunération ou bien le signe que d'autres activités sont plus attractives. Il est possible que ces mêmes activités ne soient plus mises sur le marché, mais effectuées en privé, entre voisins et amis.

Les causes objectives de la pénurie de personnel qualifié restent en fait souvent subjectives. Les entreprises qui payent moins bien que ce que les demandeurs d'emploi réclament, souffrent toujours d'un manque de personnel qualifié. Celui qui rémunère bien, n'a pas de soucis à se faire. Il en est de même pour la reconnaissance et le crédit accordé au statut : celui qui voit son travail estimé et apprécié et qui, en plus, coopère avec ses collègues et aime se retrouver avec les clients, continuera à accomplir son activité au mieux.

Le revenu de base inconditionnel permet de faire ou ne pas faire des choses, voire de faire tout autre chose. Il permet aussi de prendre soin d'un membre de la famille, indépendamment d'un centre de soins, de se former en dehors de l'université, d'installer chez des amis un logiciel ou chez les voisins un fourneau à gaz.

Celui qui n'accepte pas ce genre de privatisation du travail, devra, en tenant compte du cadre du revenu de base universel, encourager la création d'emplois qui lui semblent importants, de manière à stimuler des candidats à les exercer en tant qu'entrepreneurs. Dès lors, les entreprises n'investiront plus seulement dans des brochures en papier glacé ou dans le marketing, mais aussi dans un climat social et dans des emplois à mi-temps propices à la vie familiale, dans des congés lors des vacances scolaires, ou dans une rémunération adéquate.

Mais il est toujours possible que ces entreprises préfèrent investir dans l'automatisation, même pour les services ou autres activités superflues. Avec la technologie de pointe cela est toujours plus facile à réaliser.

Si, sur le plan humain, cela nous pose un problème, il nous faudra inciter à l'enthousiasme afin que d'autres personnes veuillent s'emparer du projet, ou bien il faudra continuer cette activité et renoncer aux possibilités de rationaliser ce travail, voire tout simplement renoncer à accomplir des performances que nous ne sommes pas capables de réaliser nous-mêmes.

Le revenu de base inconditionnel réagit au manque de forces qualifiées et à la rationalisation, c'est à dire à la disparition d'un grand nombre d'emplois, en protégeant non pas ces derniers, mais ceux qui les recherchent. Cela ressemble à la pratique sociale de l'État telle qu'elle est appliquée dans les pays scandinaves : là ce ne sont pas les entreprises qui sont sauvées de la banqueroute, mais les demandeurs d'emploi.

Alors que l'Allemagne soutient Opel, intervenant massivement dans le marché, la Suède ne sauve pas Saab, mais ses collaborateurs. La flexisécurité signifie : flexibilité et sécurité.[14]

Le revenu de base inconditionnel permet aussi de s'engager pour des activités risquées, puisque son versement est garanti pendant toute l'existence. Il apporte une aide là où elle est nécessaire. Grâce à lui, ce qui mérite d'être financé se différencie de ce qui ne correspond à rien d'autre qu'à un marché du travail faussé, rémunéré.

Quelle en sera la conséquence nécessaire?

L'automatisation du monde est tout autant une malédiction qu'une bénédiction. La bénédiction est facile à entrevoir avec ses robots, ses machines, ses programmes. Cette automatisation nous décharge de la pesanteur d'un travail souvent uniforme et ennuyeux. Mais il n'y a pas que ça: bientôt il sera possible de faire rouler sa voiture sans conducteur, de remplacer le médecin et le personnel soignant, le premier par une «application diagnostic», le deuxième grâce aux robots, qui ne rechignent pas à la tâche et travaillent en plus 24 heures sur 24.

Le Care-O-Bot de l'institut Fraunhofer pour la technique de la production et de l'automatisation n'est pour l'instant qu'un prototype, mais sa mise en fonction n'est qu'une question de temps.[15] Les robots-phoques, bien que contestés, sont utilisés au Japon: ils sont douillets et fort appréciés par les malades atteints de démence.[16]

Celui qui ne peut pas encore s'imaginer ce qui nous attend, trouvera des indications dans la série télévisuelle suédoise «Real Humans». Cette série anticipe un questionnement auquel nous serons bientôt confrontés. La série présente des robots appelés hubots (pour human robots). Ils imprégneront notre vie de tous les jours, la vie active et le temps libre. On pourra même se procurer une copie d'un être humain et la télécharger dans un hubot. Les hubots n'ont besoin ni de manger, ni de boire, ni de dormir ou de percevoir un revenu de base inconditionnel et ils présentent l'avantage de pouvoir être débranchés.

Devenir inutile dans le rouage du fonctionnement industriel est à la fois une bénédiction pour nous, mais nous met aussi devant ce dilemme: comment créer du travail qui ait encore du sens pour l'être humain? Continuer à faire semblant d'être indispensable au travail à la chaîne n'est pas la bonne réponse. Il serait tragique d'ignorer ce succès du progrès. Voulons-nous continuer à suer sang et eau lors d'un travail inhumain? La question est de savoir comment mettre à notre service cette avancée technologique.

Sous ces auspices, le revenu de base inconditionnel peut être compris comme le dividende de l'automatisation. Ce ne sont pas les robots qui nécessitent un revenu de base, mais nous. Nous encaisserons le salaire du travail que les robots nous fourniront, parce qu'eux n'ont pas besoin de revenu. Le revenu inconditionnel fait participer chaque citoyen aux avancées du progrès technologique en lui permettant de goûter à cette liberté qui en fait existe déjà depuis longtemps.

La schizophrénie du « work-life »

Nous vivons sans discontinuité quand nous vivons. Peu importe que nous soyons enfant à la crèche ou vieillard dans une maison de retraite, mère au foyer ou père dans le fauteuil du patron, que nous nous prélassions au soleil ou que nous soyons carriériste. Nous vivons, tantôt bien dans notre peau, tantôt mal. Un temps vécu est un temps de vie.

La différenciation entre temps libre et temps de travail est un phénomène très récent. Les citoyens athéniens ne connaissaient pas cette différenciation, ils vivaient dans l'oisiveté, leurs esclaves dans l'activité. C'est en cela que consistait leur existence. Dans la ferme agricole du Moyen-Âge, il y avait de l'activité lorsqu'il y avait du travail à accomplir et du temps libre lorsque les tâches étaient faites. Il ne s'agissait pas de maximiser le temps de travail, ou de le feindre, mais de l'accomplir.

Ce n'est qu'à partir de la division du travail et de ce que l'on appelle travail externe ou travail externalisé que l'industrialisation poussa les foules dans les fabriques. Cela établira la distinction entre travail et temps libre. Cette division s'appelle « work-life balance » ou « équilibre vie-travail ». Celui qui tient à conserver un juste milieu entre sa vie et son activité, s'accroche à la division inefficace entre travail et temps libre de l'époque de l'industrialisation. Il sépare le travail de sa vie et se sépare lui-même du travail. Son souci d'avoir un bon travail et une bonne vie lui procure du stress tant pendant son travail que pendant son temps libre.

La fracture entre le travail et la vie est devenue une maladie collective : la schizophrénie du « work-life ». Celui qui, de nos jours, ne saisit pas que le travail n'est qu'une partie de l'existence, vit dans le passé, car tout naturellement chaque heure que nous passons avec nous-mêmes et avec d'autres, s'inscrit dans le livre de notre vie. Celui qui ne le remarque pas tombe malade.

Nous dévaluons le travail en ne le comprenant pas comme un temps de vie, et en plus nous nous dévaluons nous-même et ce que nous faisons en travaillant. Celui qui s'embarque dans une activité afin que, plus tard, elle lui procure une belle vie, ne l'aura pas. Celui qui se soumet à un emploi pour devenir libre restera dépendant.

Dans la même mesure où nous n'apprécions pas le temps de travail, nous ne saurons pas non plus estimer notre activité quotidienne pendant notre temps libre avec notre famille, notre voisinage, ou au cours d'un travail volontaire et bénévole : la mère qui conduit ses enfants à l'école, le père qui aide aux travaux ménagers, les amis qui soignent un malade, ne le font pas dans un but mercantile, mais pour l'action et l'amour du prochain.

Lorsque nous acceptons des activités qu'il faut effectuer, lorsque nous saisissons une initiative qui nous est demandée, nous vivons, et nous travaillons. Le « work-life balance » rabaisse le travail et le transforme en simple corvée, il dégrade la vie pour en faire du simple temps libre, et même il nous avilit, nous coupe en deux, tantôt en « laborieux », tantôt en « paresseux ». Le temps de travail et le temps libre sont des temps de vie. Les différencier enlève au travail son caractère de liberté et rend le temps libre stérile. De nos jours, il serait possible de vivre et de travailler tout en étant libre. Celui qui empêche cela, dilapide le capital futur : l'être humain libre.

En enfer sur Terre ou Celui qui ne mange pas ne pourra pas non plus travailler

«Celui qui ne veut pas travailler n'aura pas à manger».[17] Ce que voulait dire alors Saint Paul dans le Nouveau Testament est une histoire en soi.[18] En tous cas, cela a traversé le temps et, depuis longtemps, s'est transformé en menace morale: Pas de fumée sans feu! Comme nous avons beaucoup de besoins et que nous ne pouvons partager que ce que nous produisons en commun, celui qui refuse de produire devra être puni.

Celui qui pense ainsi, pense mal. Depuis des millénaires l'être humain se raconte l'histoire de l'Humanité comme une suite de pénuries ou plus exactement, d'une avancée dans les connaissances accompagnée d'une suite de pénuries alimentaires. Adam et Ève goûtèrent au fruit de la connaissance et, au lieu de manger à leur faim, ils devinrent instruits. Comme punition, ils furent obligés de quitter le paradis, et conformément au jugement divin, ils durent gagner leur pain à la sueur de leur front, et Ève dût accoucher dans la douleur. Voilà l'image archétypale de la scène biblique illustrant souffrance, pénurie et connaissance.

Cependant, une autre histoire est possible: à l'origine de la création, on n'a pas été puni mais on a reçu un cadeau. Pour Dieu, qui qu'il soit, la création est le signe de sa force, de sa bonté, de sa perfection ou de son imperfection, de son pouvoir, de sa liberté, de sa solitude ou de son amour. Dans tous les cas l'être humain reçoit le monde en cadeau. Comment devra-t-il s'en servir?

Les cadeaux laissent libre. Personne ne peut nous obliger à les accepter ou à rendre la pareille. Aujourd'hui nous faisons comme si le nouveau-né devait commencer par mériter son existence, comme si ce n'était pas simplement le jour de sa naissance et qu'il était le bienvenu.

Qu'il existe de telles attentes, témoigne d'une époque où le travail était une nécessité, souvent d'ailleurs aussi vécu comme inutile et insensé. Pourtant celui qui refuse une activité le fait parce qu'il n'apprécie pas ce qu'il fait et ne conçoit pas que son travail corresponde à une demande. Il est aujourd'hui presque impossible de constater qu'on a besoin de nous, puisque depuis longtemps tout est là; et pourtant nous faisons comme s'il fallait d'abord se montrer méritant avant d'avoir droit à une petite part du gigantesque gâteau.

La thèse qui affirme que l'on ne peut partager que ce qui a d'abord été produit, est tout aussi triviale que la conclusion tirée en est fatale. Elle s'énonce: chacun doit faire semblant de produire afin d'avoir droit au partage, au lieu d'être, tout simplement, invité au partage.

Seul celui qui a le droit de participer se rend réellement compte de ce qu'il faut faire. Celui qui n'en a pas le droit fera semblant de voir ce qu'il faut faire afin de pouvoir participer. C'est le regard de biais de celui qui n'a pas le droit de regarder le travail, mais lorgne sur le revenu. Le revenu de base inconditionnel aide à distinguer plus clairement et plus nettement ce qui est essentiel de faire: éliminer la nécessité de gagner un salaire.

Au paradis sur Terre ou Celui qui ne veut pas penser sera jeté dehors

« D'abord la bouffe, ensuite la morale », c'est ce qu'affirme L'Opéra de quat'sous de Bertolt Brecht, inspiré par la pénurie et du fait que l'on demande souvent à l'être humain de nobles choses au lieu de le nourrir d'abord.[19] Seul l'être humain bien nourri peut devenir productif. Refuser à quelqu'un la nourriture parce qu'il refuse qu'on se serve de lui, c'est vivre au temps de l'Ancien Testament: œil pour œil, dent pour dent.

Le Nouveau Testament dit: «Si quelqu'un te frappe la joue droite, tends-lui la joue gauche». Cela signifie que celui qui condamne, en fin de compte se punit lui-même, puisqu'il refuse au condamné de se repentir. Aucun être humain peut devenir un meilleur être humain lorsqu'on l'oblige à faire des choses qu'il ne veut pas faire, mais qu'il est obligé de faire pour manger. Aucun aveu obtenu par la torture n'est sincère.

Comment se passerait le retour au paradis que n'exclut nullement l'histoire biblique? Il pourrait s'effectuer si nous prenions conscience de la situation paradisiaque qui depuis longtemps est devenue réalité. Ici et aujourd'hui, la nature et la technologie nous offrent de la lumière, de la chaleur, de l'électricité, de l'énergie. Elles remplissent pour nous des tâches que nous ne pouvons seulement apprécier à leur juste valeur lorsque nous exécutons d'autres tâches que nous sommes libres d'accepter grâce à l'aide de la nature et de la technologie.[20]

Dans le nouveau paradis sur terre, ce n'est pas la menace qui est d'actualité, c'est l'invitation: chacun est convié à manger le plus possible de l'arbre de la connaissance. Le nombre de ses fruits ne diminue pas, plus on en récolte, plus il y en aura. Voilà le nouveau jardin d'Éden. Le voile est soulevé. Celui qui n'y participe pas aura des problèmes. Avec lui-même. Sur une carte postale de Joseph Beuys, il est écrit: «Celui qui ne pense pas, s'excluera de lui-même!»[21]

Wassily Leontief, prix Nobel russe d'économie, formule de manière précise le «paradoxe-paradis»: «L'histoire du progrès technologique des 200 dernières années est au fond une histoire qui décrit comment l'humanité se fraye un lent et continu retour au paradis. Mais qu'arriverait-il si nous nous y retrouvions brusquement ? Tous les biens et services y seraient obtenus sans travail, de sorte que plus personne n'aurait d'emploi. Être chômeur signifierait ne plus percevoir de salaire. En conséquence, chacun resterait affamé au paradis tant qu'une nouvelle politique de revenu adaptée aux nouvelles technologies ne serait pas formulée.»[22]

Leontief esquisse un monde divin sur terre dans lequel quiconque ne percevrait pas de revenu de base inconditionnel serait condamné à souffrir les affres de l'enfer.

Le revenu de base inconditionnel apporte à chacun ce dont il a besoin et l'invite à montrer ce qu'il sait faire. De nos jours, ce ne sont pas les produits qui font défaut. Ce qui manque pour éviter de sombrer dans la surabondance, c'est le courage et l'imagination. Ils ne peuvent être obtenus de force, mais il faut seulement les rendre possible.

Celui qui refuse de travailler est malade

«Celui qui ne veut pas travailler ne pourra pas non plus manger». Cette parole de Paul fait partie de notre contrat social. Celui qui ne s'inscrit pas dans ce contrat et refuse de travailler ne pourra pas espérer être nourri par la société. Celle-ci réserve les prestations sociales de l'État à ceux qui ne peuvent travailler, malgré l'effort avéré pour en trouver, ou parce qu'ils sont trop jeunes ou trop vieux, ou bien pour raison d'invalidité. La paresse, c'est à dire le refus de travailler, est considéré comme une trahison à ce contrat.

Quelles sont les causes de ce refus ? L'entrepreneur Götz W. Werner en donne une réponse drastique : «Celui qui ne veut pas travailler est malade.»[23]

Selon l'opinion commune, celui qui ne veut pas travailler est mauvais. Il se dresse contre l'exigence morale de travailler. Mais peu importe la cause, la maladie ou la méchanceté, il est indigne pour une société libérale de refuser à un être humain un revenu d'existence.

Cette société libérale voit bien qu'apparemment, cette morale gratifiante du travail rémunéré a généré une attitude récalcitrante face au travail. La paresse n'est pas une constante anthropologique, mais une saine réaction du système immunitaire du bon sens contre une activité ressentie comme indigne et inutile.

Nous créons aujourd'hui de plus en plus de petits boulots indignes et inutiles parce que nous avons élevé le rendement au rang de primauté, nous l'avons élevé jusqu'au pinacle, nous avons oublié de prendre en compte le sens même du travail, autrement dit : celui qui a reconnu l'absurdité d'un travail, ferait bien de le laisser tomber !

Pour compléter le diagnostic de Werner, on peut créer une maxime : celui qui exécute un travail dénué de sens ne peut qu'être malade. La disposition au travail, comme une pulsion creuse, le dressage en vue d'une attitude existentielle dépassée, est morbide. Pour qu'un travail ait sa raison d'être et que le travailleur puisse s'y accomplir, il faut qu'il ait du sens. Un faux intérêt pour le travail crée un malaise.

En atteignant le but, on perd souvent l'objectif lui-même. C'est ce phénomène que décrit la philosophe Hannah Arendt dans son ouvrage principal *The Human Condition* : La société de travail lutte pour sa survie qui, depuis longtemps, est assurée sans elle. Au cours des années elle a oublié qu'elle travaille, non pas pour le travail, mais pour le loisir. Or, actuellement, l'homo faber n'est plus obligé de trimer du matin au soir et de ce fait ne comprend plus ce qu'il en est. Son but lui est devenu incompréhensible. Il ne se comprend plus lui-même, parce que dans son attitude d'animal laborans, le travail lui est resté comme seul but. «Ce qui nous attend, c'est la perspective d'une société dans laquelle le travail a disparu, la seule activité qu'elle était encore capable de réaliser. Qu'est ce qui pourrait être plus funeste ? »[24]

Au lieu de travailler pour pouvoir profiter des loisirs, de jouir de la liberté, nous « trimons » à mort. Le but n'est pas l'abondance, mais la satiété. Ce sera complètement inutile quand la société de travail réussira à accepter un revenu de base inconditionnel qui ne consistera pas à idéaliser le travail rémunéré, mais à réaliser des possibilités d'espaces de liberté qui ne demandent qu'à être découverts.

Les machines fonctionnent, les êtres humains agissent

Celui qui découvre qu'un travail doit être fait, devrait l'exécuter. Le travail n'est pas là pour être mis de côté, mais pour être fait, si possible de manière efficiente et intelligente.

C'est valable pour toutes les activités aussi longtemps que l'être humain n'aura pas développé des machines pour les accomplir de manière plus efficiente que lui-même. Le sale boulot c'est le travail que l'être humain est obligé d'accomplir en dépit du fait qu'il existe depuis longtemps une machine pour le réaliser. Continuer de laisser faire ce travail aura pour conséquence que celui-ci sera considéré comme étant sale ; un travail sensé n'est jamais un sale boulot.

À côté des activités mécaniques et monotones qui, à l'avenir, seront de plus en plus réalisées par des machines, il en existe qui exigent avant tout d'être respectées. Ce n'est pas l'efficacité qui est recherchée en exécutant la 9e symphonie de Beethoven, en instruisant les enfants à l'école, ou en soignant les grands-parents. Il ne s'agit pas de faire entendre un maximum de notes en un minimum de temps, d'accueillir les élèves avec indifférence, ou de soigner nos grands-parents avec désintérêt ; il s'agit de laisser émerger de la rencontre ce qui convient à la musique, aux enfants, aux aïeux.

Les machines fonctionnent, les êtres humains agissent. Un service prescrit exige des ordres, la pensée demande de la disponibilité. Ce n'est pas le chercheur laborieux qui découvre de nouvelles idées. Pour cela il faut un horizon libre pour laisser vagabonder la pensée à loisir afin que de nouvelles idées puissent apparaître. La loi de la pesanteur ne sera pas découverte par celui qui, sur une échelle, s'applique à cueillir des pommes, mais par celui qui observe comment une pomme, près du tronc, tombe selon une certaine loi. L'automobile ne fut pas découverte en essayant de trouver des chevaux plus efficaces : une nouvelle mobilité cognitive, un nouveau questionnement furent nécessaires.

Les bonnes idées ne viennent pas de soi. Elles viennent toujours trop tôt, sont trop chères, trop dangereuses et jamais évidentes. Lorsqu'en fin de compte, elles sont là, aucune explication n'est plus demandée. Les fondateurs tels que Bill Gates pour Microsoft, Jeff Bezos pour Amazon, Jimmy Wales pour Wikipedia, Marc Zuckerberg pour Facebook, Larry Page et Sergeï Brin pour Google, avaient tous fréquenté une école Montessori.[25] Tous avaient changé la face du monde car ils purent réaliser en paix et en toute liberté ce qui leur paraissait avoir de l'avenir.

Actuellement tout le monde trouve ces techniques évidentes, mais pas le chemin qui y a conduit leurs inventeurs. En effet, leur travail ne fut pas particulièrement pénible, tout au contraire, car ils avaient la possibilité de se détendre et de réfléchir en paix, puisqu'ils avaient du temps et une volonté libres.

Le revenu de base inconditionnel nous permet d'accepter les nouvelles technologies et les machines capables d'économiser du travail qui était jadis un emploi rémunéré. Le revenu de base inconditionnel permet l'utilisation de machines efficaces et nous offre un climat de détente propice à toute rencontre humaine.

Le revenu de base inconditionnel n'est ni la dictature du zèle, ni celle de la fainéantise. Alors que les deux s'épuisent dans leur confrontation et empêchent une production efficiente, puisqu'en exigeant du zèle on stimule la paresse, le revenu lui, rend possible une détente spirituelle seule apte à préparer le terrain à un travail assidu.

«On n'a rien sans rien!». Est-ce bien vrai? Avec le revenu de base inconditionnel, ce que l'on obtient, c'est que ne réussit ce qui a été vraiment voulu. Il favorise la création d'un espace, pour que la volonté de l'être humain puisse se déployer en neutralisant ce qui, de l'extérieur, voudrait se mettre en travers de son activité. Ce revenu ne simplifiera pas l'acte volontaire lui-même, mais rendra plus visible le manque de volonté.

De nos jours, le «non-vouloir» est massivement encouragé. Le revenu de base inconditionnel y mettra un terme, ce «non-vouloir» volera en éclats, il sera démasqué, ce qui amènera de l'intégrité et de l'engagement. En faisant ce que je veux, je m'engage pleinement.

Je suis travailleur, tu es fainéant !

Voilà une déclaration qui engendre beaucoup de malentendus et d'idées préconçues, faites d'affirmations et de médisances. Au premier abord, cette proposition semble anodine. C'est clair, moi je suis assidu au travail, je m'applique, je m'implique. Et les autres? Peut-être qu'ils sont aussi un peu travailleurs — lorsqu'on les y oblige — mais pas tant que ça! C'est clair : sans peine, pas de salaire, sans efforts, pas de succès, sans travail, pas de prospérité.

La fainéantise, l'indolence, le manque d'entrain nous conduiront à notre perte! C'est évident : celui qui est travailleur parvient à pourvoir à sa propre existence, subvient à ses propres besoins, répond de lui-même. Le paresseux en revanche vit aux crochets des autres. Grâce à la détermination des autres, il se tourne les pouces dans son hamac social.

Tout ça, c'est un jugement un peu précipité ; car qu'en est-il réellement de l'assiduité au travail et de la paresse ? Qu'en est-il aussi du rapport entre moi et toi ? Et du travail humain dont les concepts de zèle et de fainéantise délimitent les frontières ? Qu'est-ce que la paresse donne comme avantages ? Qu'est-ce qu'il y a de tragique à l'assiduité au travail ? Quelle est la mission dévolue au travail ? Et surtout : Quelle est la conséquence de ce que nous pensons les uns des autres ?

Considérons tout d'abord la notion d'ardeur au travail, de zèle. Le terme germanique implique tout d'abord une mentalité combattante, une envie de lutte, avant de devenir une vertu bourgeoise exprimant une poursuite zélée, assidue et obéissante vers un but. En revanche, dans l'antiquité grecque, l'ardeur au travail était honnie. Pour cela, il y avait les esclaves. Seul l'oisif avait l'esprit ouvert aux muses ; ce n'était qu'à travers l'oisiveté que le succès politique était assuré. Cela semble inversé de nos jours : celui qui n'est pas assidu au travail n'arrivera à rien. Sans effort, pas de gain. Le travailleur ne compte plus sur les dieux ou les muses, mais seulement sur lui-même ou sur ses supérieurs.

Dans une société de division du travail, celui qui ne veut compter que sur lui-même perd totalement la tête. Personne ne travaille plus pour lui-même, le zélé encore moins que les autres ! Depuis belle lurette, nous travaillons tous pour les autres, les uns pour les autres. La réalité de la division du travail consiste à donner et recevoir. On peut se demander si ce don réussit mieux lorsque je suis appliqué car celui qui s'applique, celui qui est laborieux, devient une machine, il s'automatise lui-même. L'être humain automatisé n'est ni efficace ni novateur. Des machines laborieuses — du point de vue structurel nos esclaves modernes — ne sont pas inventées par ceux qui s'appliquent au travail, mais par ceux qui s'offrent du temps. Voilà la règle de l'innovation : sans loisirs, point de cœur à l'ouvrage — grâce aux loisirs, le succès assuré.

Et la paresse ? Fait-elle penser à un cœur apathique ? Elle est l'un des sept péchés capitaux : *acedia*. Elle n'a rien à voir avec méditation et approfondissement, recueillement et attention à l'autre ; au contraire : celui qui pêche par cette sorte de paresse, par fainéantise, renonce à une vie en Dieu, à une vie de travail. Après avoir eu une attitude frileuse envers Dieu, le fainéant fait de même avec ses concitoyens. Il se démarque d'eux car ils sont différents de lui, ils sont entreprenants.

D'un autre côté : tout fruit devra pourrir avant qu'il ne puisse mûrir à nouveau à partir de ses graines. La paresse qui prépare le renouvellement par une sorte de pourrissement, se présente autrement que celle qui refuse ses propres idéaux et les exigences des autres. Peut-être qu'elle prépare l'avenir, qu'elle n'est pas un péché mais un gage de renouveau.

Je suis travailleur, tu es paresseux ! Cette affirmation prouve que chez les penseurs studieux quelque chose est pourri, car ils revendiquent le goût du travail pour eux et dénoncent le penchant à la fainéantise chez les autres. Nous cultivons une image schizophrénique de l'être humain : celle d'un sous-homme pour les autres, d'un surhomme pour nous-mêmes.

Le revenu de base inconditionnel m'invitera à repenser l'image que je me fais de moi-même et celle que je me fais de l'autre, car aussi longtemps que je vois les autres comme des habitants d'un zoo, je les verrai sous l'aspect d'un « paresseux » qui nécessiterait d'être motivé.

Par contre en les considérant comme mes semblables, un « vivre-ensemble » serait possible : il reposerait sur la force d'initiative et de loisir, au-delà de l'assiduité au travail et de la paresse. Il ne s'agit pas de me considérer brusquement moi-même comme un paresseux et tous les autres comme travailleurs assidus, mais il s'agit de porter un regard libre sur eux et sur moi-même, et ce regard libéré se dirigera vers l'avenir.

Les perdants du travail et les champions du temps libre

Une chaîne de fast-food américaine en vogue s'intitule TGI Friday's. TGIF est la forme raccourcie de « Thank God It's Friday ! » « Grâce à Dieu, nous sommes vendredi ! » Que signifie cette attente du vendredi ? Et de quoi et pourquoi voulons-nous nous libérer ?

Celui qui travaille durant huit heures pour une activité qu'il n'a pas lui-même choisie, finira par être exténué et le sera même dès le premier soir. A partir du lundi après-midi il attend déjà le vendredi soir. La fin de semaine, les vacances, sont des temps forts lorsque l'on ne peut pas réellement se lier à son travail.

Suis-je encore en train de travailler ou suis-je déjà en train de vivre ? Celui qui travaille huit heures d'affilées sans enthousiasme le fait pour une existence hors du temps travaillé. Le temps travaillé constitue plus ou moins quelque chose de collatéral. L'essentiel, c'est le hobby, le plein emploi règne en maître sur le temps libre. L'essentiel ce sont les loisirs, la détente après le travail, le bien-être, le jogging, le shopping et la soirée conviviale. Le stress qui en découle est logique. Quelle en est la conséquence ? C'est l'obligation de se remettre du loisir, et voilà que le lieu de travail se transforme en lieu de repos.

Nous vivons dans une société de travail qui trouve son accomplissement dans la société de loisirs. Les hobbys poussent comme des champignons après une chaude pluie d'automne. Et qu'est ce qui nous stresse tant durant le temps de travail ? Planifier et comptabiliser le temps libre! La «société EasyJet» se donne de l'énergie en buvant du RedBull pendant ses voyages vers Berlin ou Barcelone. Cela donne des ailes... momentanément. Mais ça ne sert à rien. En fin de compte, nous nous ennuyons à nouveau. Cela nous perturbe. Nous sommes les perdants du chômage et les champions du temps libre.

Au lieu de construire des perspectives, nous devenons des zombies dans des parcs d'attraction ou des centres commerciaux. Pourquoi? Parce que le travail ne nous stimule pas — dans le sens que ce travail ne nous valorise pas et qu'il n'est pas important pour nous.

Le lundi c'est la gueule de bois. Le mardi c'est le jour où il faut travailler. Le mercredi c'est le jour des évaluations. Le jeudi, il faut essayer de survivre — car on y est presque: le vendredi s'annonce et c'est le jour avant le week-end qui débute vraiment avec le samedi. Et puis il y a le dimanche: jour de deuil, car le week-end prend fin. Mais voilà lundi, enfin! Nous pouvons enfin retourner à notre travail. L'espace du travail est un espace de liberté.

Pendant notre temps libre, le week-end par exemple, nous sommes oppressés, obligés... de faire du sport, d'avoir du plaisir, de répondre aux attentes familiales et amicales, de nous amuser. Tout le monde attend quelque chose de nous et il n'y a pas moyen de se cacher quelque part. Le temps libre se volatilise dans l'expectative de la liberté. Nous restons dépendant du travail car tant de gens attendent quelque chose de nous.

La conséquence? Les hamacs sont suspendus dans nos bureaux, pas dans notre maison de vacances. Et nos tables de travail, elles se retrouvent dans notre maison de vacances. Pourquoi? Parce que nous serons toujours malheureux durant notre activité, aussi longtemps que nous n'avons pas le sentiment de pouvoir la faire en toute liberté.

Qu'est-ce qui motive ?

Lorsque quelqu'un a une bonne idée, cela peut m'encourager à devenir actif. Cela réussit le mieux lorsque j'arrive à m'approprier cette idée ; je ne la dérobe donc pas à l'autre, elle est tout simplement partagée. Ce « processus » de partage n'amoindrit pas l'idée, il la multiplie.

Lorsqu'on m'oblige à adopter l'idée d'un autre, à la mettre en pratique sans pouvoir me l'approprier, elle ne m'enthousiasmera pas, elle ne me motivera pas. Je me motiverai alors autrement : par l'argent par exemple. Ou bien je me dirai : peu importe que ce travail ne me semble pas intéressant, j'apprendrai peut-être à dé-couvrir des personnes intéressantes. Ou alors je dirai : ce travail est inintéressant, mais l'un des collègues est vraiment captivant !

En fait lorsque quelque chose est démoralisant, il faut se motiver avec autre chose. Dans ce domaine de la motivation, la différence entre le devoir et la conviction saute aux yeux : vouloir motive, devoir paralyse.

Et qu'en est-il des stimulations ? Il existe de nombreuses études à ce sujet. L'auteur à succès, l'américain Daniel H. Pink résume dans son livre *Drive* les choses de façon claire et condensée : selon lui les activités mécaniques qui ne demandent pas ou peu d'intelligence et les stimulations monétaires fonctionnent très bien, mais dès que l'intelligence est sollicitée, l'argent conduit à une plus mauvaise per-formance, il ne stimule pas les êtres humains, c'est même le contraire.

Dès l'instant où l'humain entre en jeu, ce sont les valeurs non monétaires qui comptent. Celui qui veut appâter par de l'argent, appâte le déplaisir et empêche l'innovation.[26]

Selon Pink, les plus grands destructeurs de la motivation sont le manque de considération, la mise sous tutelle, la récompense et la punition, le manque d'informations et de transparence, un traitement injuste, le contrôle et la surveillance et le manque de confiance de la part des chefs et des supérieurs, la flagornerie, une critique injustifiée, l'insuccès et un manque de reconnaissance.

Par contre ce qui stimule la motivation, c'est l'estime, le respect, la transparence, la confiance, la responsabilité personnelle, la reconnaissance, la curiosité et toutes les variantes suscitant le défi.

Pourquoi autant de gens regardent-ils des films policiers? Pourquoi remplissent-ils quotidiennement des millions de mots croisés et de sudokus? Découvrir quelque chose, cela motive, de même qu'élaborer un projet, aider quelqu'un, arriver à surprendre. Quand on participe ainsi, on agit avec plaisir.

Chaque année en Israël, à un jour particulier, les élèves font du porte-à-porte afin de recueillir des dons pour des actions caritatives. Les économistes américains du comportement, Uri Gneezy et Aldo Rustichini constituèrent trois groupes: au premier groupe ils expliquèrent combien leur travail était important; au deuxième on promit en supplément une compensation de 1% de la somme récoltée; au dernier groupe on assura une compensation de 10%. En fin de journée, le troisième groupe avait récolté plus d'argent que le deuxième. Cependant ce fut le premier groupe, auquel on avait rien promis, qui eut le meilleur résultat.[27]

Cette étude n'est pas la seule qui indique que la motivation intrinsèque, personnelle, est souvent refoulée par des motivations extérieures. À côté de ces effets de refoulement, Gneezy et Rustichini mirent au jour encore un autre résultat: ils demandèrent aux participants des expériences comment eux-mêmes avaient motivé d'autres personnes pour faire une collecte d'argent en choisissant l'une des trois situations: presque tous votèrent pour une participation de 1%, donc la plus mauvaise motivation.

C'est bien le dilemme: à la question de savoir ce qui motive les autres, on se trompe presque toujours.

Rivalité et concurrence

Dans le domaine de l'indispensable et de l'existentiel, la rivalité n'est pas à sa place. La concurrence est justifiée dans le domaine des idées, des projets, produits et services. Quelle est la meilleure idée? La plus belle? La plus sensée? Cette sorte de rivalité donne de l'énergie à l'économie, alors que la concurrence existentielle la met en danger.

Le revenu de base inconditionnel donne donc de l'énergie à la concurrence entre les idées. La présence d'une issue de secours assurée, même face au plus puissant rival, permet à la concurrence et à la rivalité de se déployer. Lorsqu'en tant que rival je mets en danger l'existence d'autrui, je suis entravé dans mon initiative. Lorsque je suis certain que le besoin existentiel de mon rival est assuré, je peux plus aisément utiliser la concurrence, je suis plus libre face à mon concurrent. J'ai la volonté d'entrer en compétition de tout mon pouvoir, mais pas jusqu'à détruire autrui. Le revenu de base inconditionnel permet une concurrence juste.

Le revenu de base inconditionnel est nécessaire pour démarrer une entreprise sans mettre d'autres existences en danger. Il n'est donc pas question d'un combat entre rivaux selon la méthode du néolibéralisme actuel. Cela ne veut pas dire qu'avec ce revenu de base inconditionnel nous ne devrions plus nous soucier des autres, cela veut dire que la compétition entre nous ne met plus en jeu la sécurité existentielle et que la sécurité existentielle n'est pas un obstacle à la compétition.

Le revenu de base inconditionnel fournit la base permettant de prendre chacun au sérieux, au lieu de toujours tourner autour du pot lorsqu'il s'agit de projets ou d'objectifs qui, la plupart du temps, sont déjà corrompus par des besoins de rétribution. Actuellement il faut constamment se retenir et faire attention à ne jamais mettre quelqu'un et ses moyens d'existence en danger, même si l'on juge que son projet est absurde. Je ne peux jamais demander des comptes à quelqu'un dont je sais qu'il est dépendant et a besoin de son salaire pour nourrir sa famille.

Le revenu de base inconditionnel permet à l'enthousiasme et à la critique de s'exprimer, sans qu'aussitôt entre en jeu le problème de la rémunération. Lorsque l'autre a un revenu assuré, je peux l'enthousiasmer pour un projet, le défier et le provoquer.

Il arrive trop souvent de nos jours que les bonnes idées, que l'on voudrait réaliser, existent, mais que la question de la rétribution soit un obstacle. Le revenu de base inconditionnel éviterait tout cela et empêcherait les éternelles désaccords entre êtres humains.

La possible émergence des idées qu'instaure ce nouveau contrat social, élargit les formes de la concurrence. Une concurrence plus affinée, c'est la coopération. Je travaille avec d'autres partenaires qui me soutiennent tout en me lançant un défi.

La concurrence existentielle est fatale parce qu'elle ne se préoccupe pas de l'existence. Lorsque l'autre, mon vis-à-vis, se trouve constamment dans une position de lutte existentielle, il ne peut entièrement être présent en tant que partenaire, alors qu'on ne peut compter que sur quelqu'un qui participe à votre projet de plein gré. Au-delà de la question du salaire, le revenu de base inconditionnel rend possible à la fois la concurrence et le partenariat.

Quand la pression devient aspiration

Lorsque quelque chose exerce une pression, la situation devient difficile, elle appelle un changement.

Ou bien il faut transformer la situation ou bien nous devons nous transformer nous-même et modifier ce qui nous dérange. La pression exprime que quelque chose ou une situation ne peuvent plus en rester là.

Au fond, ce n'est pas grave. Ce qui peut devenir inquiétant, c'est l'effet de la pression, car elle pourrait nous empêcher de trouver des solutions qui seraient à notre portée. Cette pression se transforme alors en contrainte, et celle-ci paralyse. Elle ne libère pas et ne transforme pas. Elle durcit et raidit.

La pression générée par une souscription à un engagement social peut libérer des forces insoupçonnées. La présentation d'un projet, un manuscrit à remettre, peuvent tout aussi bien nous motiver pour des performances extrêmes, que des hôtes qui viennent tout juste d'arriver, ou que la prochaine campagne électorale. Ce qui relie ces situations, c'est que je suis libre de m'y insérer. Aussi longtemps que je sais que la pression est quelque chose que j'ai moi-même choisi parce que je veux tester mes possibilités de telle ou telle manière, il est possible qu'elle me donne des ailes. Si je perds cette conscience, ou si elle n'a jamais existé — par exemple parce que je tiens compte de l'avis de mes parents pour faire telles ou telles études, ou parce que je m'énerve à dégoter un cadeau que je suis tenu de faire — tout cela agira de manière oppressante.

Notre façon actuelle de concevoir la pression provient de notre manière habituelle de la considérer comme pression existentielle censée nous motiver pour des performances extrêmes. Face à une situation précaire, je ferais n'importe quoi pour prévenir mon anéantissement sociétal.

Si cette approche s'avérait justifiée, elle le serait de manière cruelle : celui qui voit son existence menacée passe de l'être humain à l'animal, son humanité se verra brisée puisqu'il ne sera plus question d'elle, mais de son existence même. Voilà pourquoi la pression existentielle agit de manière paralysante sur la créativité, l'engagement, l'innovation, la santé et la sociabilité. C'est certain, celui qui est sous pression peut faire preuve d'ardeur au travail, il saura faire tourner la roue du hamster... mais ce travail sera dénué de sens et indigne d'une société qui risque de sombrer dans sa propre surabondance.

Il existe deux sortes de pressions: une constructive et une destructrice. La peur existentielle est presque toujours destructrice. Mais lorsque la pression se transforme en aspiration, en élan vers un idéal, elle peut donner des ailes qui nous soulèveront et nous soutiendront dans notre initiative pour changer le monde.

La pression existentielle nous coupe les ailes, elle nous oppresse. La division du travail m'oblige à compter sur les autres à qui on a donné les moyens pour qu'ils soient à même, autant que cela est possible, de travailler pour moi. Dans cette optique, le revenu de base inconditionnel nous guide vers un autre questionnement: il ne prend plus seulement en considération le problème du chômage actuel, mais il questionne aussi la pauvreté qui menace nos existences et freine les futures initiatives.

C'est pourquoi il diminue la pression qui nous paralyse et encourage la pression qui nous donne des ailes. Le revenu de base inconditionnel pousse à nous enthousiasmer mutuellement, et ce à travers des missions que nous avons les uns pour les autres, et non pas à travers des obligations mutuelles.

Plaisir ou frustration? L'entreprenariat

La société du revenu de base inconditionnel nous promet plus d'indépendance et d'initiative personnelle. Il est donc compréhensible que cela soit vu d'un mauvais œil par les entreprises qui ne fonctionnent que par le profit et la dépendance économique de leurs employés. Avec le revenu de base inconditionnel en place, il est probable qu'au niveau des bas salaires par exemple, le pourcentage des personnes refusant des offres d'emploi augmentera.

Dès lors, ce qui sera décisif pour les entreprises, c'est jusqu'à quel point leurs collaborateurs pourront s'identifier à la mission de leur entreprise, à sa culture entrepreneuriale. Le revenu de base inconditionnel permettra aux collaborateurs de mieux se défendre face à ces entreprises qui les traitent mal et il renforcera les entreprises qui auront compris que les travailleurs coopèrent mieux dès que le travail les intéresse plus que le salaire.

Les entreprises pourront augmenter leur flexibilité puisqu'elles ne congédieront plus personne sans revenu. Les travailleurs eux-mêmes pourront se montrer plus flexibles puisqu'ils n'auront plus besoin, par peur pour leur revenu d'existence, de rester collés à un poste de travail qui ne leur plaît pas et ne les comble pas.

Les indépendants, et ceux qui veulent le devenir, toucheront avec le revenu de base inconditionnel un socle stable et continu pour se lancer. Les start-up pourront pousser comme des champignons. Si ma propre existence est garantie, je pourrai plus facilement m'investir dans ce que je veux réellement réaliser. Beaucoup d'initiatives restent de nos jours en friche à cause de la lutte pour sa propre existence. Toutes les organisations, bien qu'ayant des objectifs sensés, mais pas assez d'argent, profiteront de la mise en œuvre du revenu de base inconditionnel.

Avec un revenu de base inconditionnel il ne sera plus possible de dire : «J'aimerais bien, mais je ne peux pas». Ce revenu de base inconditionnel donnera de l'énergie aux êtres humains pour pouvoir s'investir librement et sans contraintes dans un travail, qui aura un but et qui ne se limitera plus à la recherche de la cause d'un échec. La force de persuasion d'une idée passera au premier plan, et la puissance déterminante de l'argent à l'arrière-plan. Quelqu'un chez qui l'existence n'est pas assurée, sera plus facile à persuader avec de l'argent qu'avec des idées. Si quelqu'un dispose d'un socle de revenu garanti, il saura mieux percevoir, et pourra mieux agir. Celui qui aura la capacité de dire «non», aura aussi plus de force pour dire «oui». Songez combien nous serions plus productifs et efficaces si l'échelle des frustrations diminuait et si celle du plaisir augmentait. La joie augmente le degré d'efficacité. Le plaisir au travail s'installe avant tout quand l'activité personnelle est autodéterminée. Une étude des économistes zurichois Matthias Benz et Bruno S. Frey montre qu'en Suisse, les indépendants déclarent en moyenne une satisfaction au travail nettement plus élevée que les employés. Cela se perçoit aussi en Allemagne ou aux USA, tout comme au Japon ou au Bangladesh et a été confirmé par les 23 études faites à ce sujet.[28]

L'étude de Benz et Frey indique en outre que le haut niveau de satisfaction des indépendants repose essentiellement sur deux facteurs : leur plus grande autonomie, mais aussi une activité ressentie comme captivante. Et cela n'est pas seulement apprécié dans les pays occidentaux par les sociétés imprégnées d'individualisme, mais aussi au Japon. Là-bas, les indépendants sont plus satisfaits par leur travail que les salariés, contrairement à l'opinion courante voulant que dans les cultures asiatiques soi-disant collectivistes, les employés apprécient particulièrement d'être bien tenus en main. Même là-bas, l'autonomie et la liberté des indépendants représentent une source de satisfaction. Le revenu de base inconditionnel démocratise cette source car il permet d'y puiser.

La paresse I

Rien ne représente un obstacle plus grand pour le revenu de base inconditionnel que l'idée tenace que les êtres humains sont paresseux de nature. Si un revenu de base inconditionnel alimente le compte bancaire, la paresse fera pousser ses racines pour donner ensuite des rameaux et des fleurs. Mais les fruits de l'arbre à paresse sont empoisonnés et détruisent la solidarité et la morale. Le revenu de base inconditionnel ruinera l'économie et alors, de toute façon, il n'y aura plus de revenu de base inconditionnel.

Nous avons besoin de résistance, sans elle naît le vide. Nous avons besoin d'une raison de faire les choses, d'une stimulation. Sans défi, nous restons en dessous de notre niveau de compétence, c'est la raison pour laquelle nous fixons des rendez-vous, nous nous fixons des objectifs, nous concluons des accords ; nous nous engageons. Cela n'a rien à voir avec de la contrainte ou une incitation extérieure, mais avec l'engagement et le sens de la responsabilité.

Les partisans du revenu de base inconditionnel attirent l'attention sur la possibilité de dire «non». Oui, mais existe-t-il de nos jours encore quelque chose auquel nous ne pourrions opposer un refus, si nous ne ménageons pas notre peine et sommes prêts à les conséquences de nos actes ?

La liberté ne réside pas dans la possibilité de refuser, elle demande des efforts. Et elle ne sera pas générée par un revenu inconditionnel, c'est à dire sans obligation de performance. Si la liberté se laissait acheter, ça ne vaudrait pas la peine d'en parler, elle serait un article de consommation semblable à la pâte dentifrice. La liberté ne s'obtient pas sans condition, elle est le fruit de l'effort et ne se laisse pas atteindre en regardant simplement l'argent pleuvoir du ciel.

L'être humain est un être complexe. Qu'il soit obligé de travailler n'est pas inhumain. Le travail lui permet de se développer. Notre problème, c'est que le travail continue d'être honni, alors qu'en réalité il nous permet de nous accomplir. Il donne du sens à notre vie et nous invite à nous intégrer dans la société. Sous couvert de liberté, le revenu de base inconditionnel voudrait annihiler le travail. Il détruirait les êtres humains, il leur enlèverait le seul obstacle qui donne de la valeur à leur vie. Il leur promet une liberté inconditionnelle qui ne peut que les ramollir et les dépersonnaliser.

Le revenu de base inconditionnel ressemble à un désarmement insidieux du citoyen adulte. Il postule la liberté et conduit à la solitude. En plus, il divise les êtres humains en êtres libres et en êtres ayant une pseudo liberté. Il veut ériger pour les citoyens un socle sur lequel ils pourraient s'épanouir. Pourtant un chèque en blanc qui permet de ne plus devoir travailler produit exactement l'inverse. Il est vrai qu'avec de l'argent, on peut acquérir des produits et des services, mais jamais le libre développement de sa personnalité. La liberté justement, ne se réduit pas à attendre que les alouettes nous tombent toutes rôties dans le bec. Le revenu de base inconditionnel est donc dénué de sens. Lorsque plus personne n'aura plus de responsabilité, ca sera le début de la fin.

La paresse II

Rien ne fait plus obstacle au revenu de base inconditionnel, que cette idée de la paresse est innée à l'être humain. C'est une idée préconçue, une théorie conspiratrice anthropologique. Les êtres humains veulent être actifs de manière autonome. Ils ont le désir de travailler, de s'engager, d'aider. Personne ne songe sans raison à se prélasser dans un hamac.

Qu'est ce qui rend les êtres humains paresseux ? Qu'est ce qui les pousse à agir ? C'est lorsque nous voulons réaliser une idée, que nous disposons de la plus grande énergie. Un travail obligatoire, dont le sens nous échappe, n'est nullement motivant. Ce qui l'est par contre, c'est de travailler pour une bonne cause. Est-ce que l'entreprise dans laquelle je suis engagé suit des objectifs auxquels je peux souscrire ? Si oui, je suis prêt à bien des efforts. Si ce n'est pas le cas, il me faudra d'autres motivations, telles que la rémunération ou la réputation par exemple. Dans ce cas la motivation viendra de l'extérieur.

Le revenu de base inconditionnel protège le travail de l'influence de motifs externes et nous protège aussi de la paresse. Le changement de paradigme promis par le revenu de base inconditionnel est le suivant: tout d'abord le revenu, ensuite le plaisir. Ce revenu fournit la base à la libre motivation. Quand des motifs libres accompagnent l'activité, le contentement va de soi. Par contre, les motifs étrangers sont des exterminateurs durables de motivation. La liberté ne se laisse ni acheter, ni mériter. On ne peut que la favoriser ou l'empêcher. Permettre la liberté à l'autre est libérateur.

Le travail est en quête de revenu. Sans revenu, pas de travail. Le revenu n'est pas le fruit pour lequel nous travaillons, mais la semence à partir de laquelle naît le travail. Le revenu ne pousse pas comme la pomme sur l'arbre, il nous donne la possibilité de planter des arbres et de récolter des pommes. Le motif du travail est inclus dans le travail lui-même.

Quand nous sommes obligés d'accomplir quelque chose qui, non seulement ne nous motive pas, mais aussi nous répugne, cela peut nous rendre retissant. Comment puis-je m'engager pour quelque chose qui ne me paraît ni sensé, ni utile? Une telle situation peut conduire à la fainéantise qui devient à son tour une rébellion contre une absurdité avérée.

La paresse est une maladie. Elle survient telle une fièvre salutaire, lorsqu'on accomplit durablement quelque chose qui n'est pas à sa place. Elle ouvre ainsi la voie pour accomplir à l'avenir ce qui est juste. C'est le commencement d'un renouveau.

Les faux amis : les alternatives trompeuses

Les séductions sont des diversions, elles sont une diversion de ce qui est essentiel. Elles sont des incitations non pas productives, mais destructrices.

Les techniques de diversion sont multiples. Elles peuvent se présenter sous la forme d'une fausse promesse ou d'un objectif fallacieux et ainsi elles peuvent devenir fatales. Si tu atteins tel ou tel but, si tu sautes par-dessus telle ou telle barre, tu auras réussi, tu auras surmonté l'obstacle, alors que personne n'avait jamais prêté attention au fait que tu ne voulais nullement atteindre ce but ou sauter par-dessus cette barre, car dès le départ c'était une illusion de penser « but » ou « barre ».

Un aspect particulier de la séduction est représenté par les alternatives trompeuses. Bien qu'elles ne puissent se passer l'une de l'autre, elles jouent leurs cartes l'une contre l'autre.

Pour les alternatives trompeuses, l'inverse aussi est faux. Elles sont totalement fausses et même plus que fausses. En nous faisant croire à ce qui est juste, elles nous le font d'autant plus rater. « L'argent est totalement sans importance » nous disent les uns et ils mentent « les poches bien remplies d'argent ». « Il n'y a que l'argent qui compte », mentent les autres, ceux à qui l'argent manque. Qu'on méprise l'argent ou qu'on le sublime, on ne lui rend pas justice.

Celui qui parvient à démasquer les alternatives trompeuses leur échappera, permettant l'émergence d'un troisième élément qui lui permettra alors sa propre émergence.

Dans l'Évangile de Matthieu, il est dit : « L'être humain ne vit pas que de pain. »[29] Cela ne signifie pas : L'être humain ne vit pas de pain (fausse alternative 1) ; cela ne signifie pas non plus : L'être humain ne vit que de pain (fausse alternative 2). Cela veut dire que l'être humain ne vit pas que seulement de pain, c'est à dire qu'il vit tout autant de pain que « du Verbe qui sort de la bouche de Dieu ».

Celui qui s'imagine qu'un revenu de base inconditionnel est utile puisque l'argent n'est pas ce qu'il y a de plus important dans la vie (fausse alternative 1), se trompe aussi bien que celui qui pense qu'avec un revenu de base inconditionnel le but serait enfin atteint, c'est à dire un compte en banque mieux fourni (fausse alternative 2). Non, le revenu de base inconditionnel est une base nécessaire permettant, en le dépassant, de trouver sa raison d'être, qui est l'être humain pour lequel il est fait.

Quelles sont les alternatives qui nous dupent? En premier lieu, c'est le concept de travail. Nous tenons le travail pour ce qu'il y a de plus essentiel. Nous menaçons celui qui ne fait pas semblant d'avoir du travail ou d'en rechercher (fausse alternative 1). Parallèlement nous pensons de lui le plus grand mal puisque le temps de travail est un temps que nous subissons, en attendant le moment où nous ferons ce que nous aimons faire (fausse alternative 2).

Le revenu de base inconditionnel nous permet de réaliser le travail que nous considérons comme sensé et qu'il convient de faire. Il ne disqualifie pas le temps travaillé comme une période de vie de qualité inférieure et ne le vénère pas comme la seule forme de reconnaissance. Le revenu de base inconditionnel libère le travail afin que nous puissions le saisir sans contrainte. Il fait voler en éclats les alternatives fallacieuses.

Se laisser diriger ou se prendre en main

Celui qui ne peut pas s'identifier à son travail court le danger de se laisser contaminer par la paresse. Le revenu de base inconditionnel rendrait-il les paresseux encore plus paresseux? Non, ils commenceraient à être rappelés à la réalité. Ce revenu signifie que l'on n'est plus obligé de faire ce que l'on n'aime pas. La paresse serait-elle guérissable ? Oui. Comment ? En réalisant ce que l'on veut faire.

Le revenu de base inconditionnel permet l'autodétermination, une discipline que les enfants maîtris-ent tout naturellement. Jamais ils ne refuseront d'accomplir quelque chose qu'ils aiment faire. Ils maîtrisent aussi l'inverse. Jamais ils ne feront ce qu'ils n'aiment pas faire. Plus tard, on leur fera perdre cette habitude d'autodiscipline, on les disciplinera de l'extérieur.

En fait, pour quelle raison ? À cause de ceux qui savent tout mieux que les autres, qui s'imaginent être certain de ce qui est bon pour eux. À cause des guides. Cependant à l'avenir le seul « guidage » légitime sera « l'autoguidage ». Karl-Martin Dietz, philosophe, note à ce sujet : « Dans notre période d'individualisation, le particulier sera responsable de ses actes dans une mesure encore jamais atteinte jadis. Il pourra de moins en moins s'appuyer sur des traditions porteuses, et devra construire sa vie de manière autonome. Cela exige de la volonté et la faculté d'autogestion, et pose de nouveaux impératifs au travail en commun avec d'autres êtres ‹individualisés›. »[30]

Ceux qui n'apprennent pas à se conduire eux-mêmes se retrouveront à l'avenir dans une mauvaise posture, ils auront besoin d'être guidés parce qu'ils ne pourront le faire eux-mêmes, mais alors ce ne seront plus eux qui détermineront la direction à prendre, ils seront dressés à exécuter des ordres.

Avec un revenu de base inconditionnel, ceux qui seront tombés bien bas ne seront pas abandonnés, ce qui le sera, c'est la volonté de les éduquer, de les redresser, de faire d'eux ce qu'eux-mêmes ne veulent pas devenir. De nos jours, ils se singularisent, car ils ne font pas ce que nous voulons, c'est pourquoi nous nous occupons d'eux. Non pas parce qu'ils nous intéressent, mais parce que nous voulons savoir pourquoi ils ne suivent pas nos directives.

Qualifier quelqu'un de nécessiteux et le traiter en conséquence, est la manière la plus efficace de le détourner de ses propres objectifs.

La logique qui se cache derrière cette attitude est la suivante : Celui qui a besoin de mon aide devra suivre mes consignes. Il me suffira de lui démontrer suffisamment longtemps qu'il ne sait rien faire pour qu'il en soit convaincu lui-même. Alors je pourrai l'aider, il se soumettra docilement à ma volonté.

La méthode la plus efficace pour rendre les êtres humains dépendants, c'est de reconnaître leurs capacités, de leur serrer la bride et de toujours les récompenser s'ils se conduisent bien. Ils seront faciles à diriger et à formater. Plus la dépendance grandira, moins l'autodétermination réussira. La sujétion qui conduira à la plus grande dépendance est celle de l'angoisse existentielle. C'est elle qui permet le plus aisément de manipuler les êtres humains. La pratique de la torture le démontre. Dénier aux êtres humains leur faculté d'autodétermination, c'est la pire des tortures.

Il te faut travailler sinon tu mourras. C'est ce qui est soufflé à l'oreille de celui qui est récalcitrant au travail ou incapable de travailler. Ça c'est mauvais, ça c'est bon : tu dois travailler sinon c'est la mort pour tes concitoyens. Ainsi nous nous préoccupons du bien-être des autres, car notre propre bien-être dépend aussi de celui des autres.

La libération du travail

Le revenu de base inconditionnel unit le social au libéral. Il est libéral car il est inconditionnel et social car il concerne tout le monde. Il rend le travail social (l'inverse du néolibéralisme), et il rend le social libéral (l'inverse du socialisme).

Depuis toujours on s'affronte pour ces deux idéaux : liberté ou justice. La gauche est contre la droite, les employeurs contre les employés. Cet antagonisme bloque apparemment les relations économiques et politiques. Le revenu de base inconditionnel lui, les dénoue. Non pas en tant que parti du nouveau centre, mais en tant qu'idée qui se désengage de la politique des partis pour se tourner vers le citoyen particulier.

Le travail est l'affaire des êtres humains. Mais une malédiction pèse sur lui. Pendant la deuxième guerre mondiale, un panneau fut fixé à l'entrée du camp de concentration d'Auschwitz avec l'inscription : « Le travail rend libre ». Les notions de travail et de liberté furent utilisées abusivement pour codifier la coercition et la destruction. Le panneau : « Le travail rend libre », cachait en fait « destruction par le travail. »[31]

D'innombrables êtres humains dans ces camps de la mort durent creuser leur propre tombe. Ils moururent par millions. Il est important de continuer à évoquer leur mémoire, comme il convient aussi de constater comment le cynisme a utilisé, pour ce qu'il y a de plus inhumain, les notions de travail et de liberté. Un regard sur le monde actuel nous montre que ces camps d'extermination furent certes fermés, mais que le concept de travail continue à être utilisé abusivement. Il faut donc libérer ce concept pour libérer les êtres humains qu'il continue d'emprisonner. Le revenu de base inconditionnel organise la libération du travail. Le travail ne continuera plus à être synonyme de contrainte, de corvée, de sale boulot. Le travail, c'est ce que je veux faire. Il m'offre le domaine dans lequel je peux m'épanouir, qui m'apporte de la force et du sens. Il me permet de me sentir entièrement humain.

Travailler c'est humain. Exploiter les humains par le travail forcé c'est diabolique. Il y a quelque chose qui ne va pas bien chez celui qui rechigne au travail. Dans une société où le travail est obligatoire, c'est la même chose. Le travail libère dès lors que la liberté est la condition du travail. Le revenu de base inconditionnel réalise la condition pour la libération du travail.

Inter

Inter

nède l

Ceux qui sont contre

Intermède I

Ceux qui sont contre

Atteinte à la liberté humaine

« Lorsqu'une personne perçoit sans condition un revenu inconditionnel, c'est pour moi une atteinte à la liberté et ça contredit fondamentalement mes représentations de la société humaine. Une telle société ne vit que si chacun sait qu'il doit apporter sa contribution. [...] Se constituer soi-même un revenu est le noyau de sa propre responsabilité, le cœur d'une vie libre. [...] Le revenu de base inconditionnel est l'antithèse de la liberté. Il créé une société dépendante de l'État. C'est une méthode de planification de l'économie, une méthode socialiste. [...] Elle détruirait finalement la Suisse. »[32]

— Roger Köppel, journaliste

Aucun droit à un revenu

« Un État libéral ne donne aucun droit à un revenu. Par contre, il donne un droit à la liberté, y compris à une libération d'une contrainte étatique. [...] Celui qui prône l'État-providence ne devrait pas apporter des idées utopiques liberticides, telles un revenu de base inconditionnel; au contraire, il faudrait concéder aux êtres humains plus de liberté pour s'assurer eux-mêmes contre les risques de la vie.»[33]

— Michael Schoenenberger, journaliste

Tueurs de motivation pour les jeunes

«Je ne voudrais pas que nos enfants ou nos petits enfants naissent dans une société où chacun sera transformé par l'État en éternel rentier professionnel. La promesse par l'État d'assurer la subsistance de ses administrés durant toute leur vie tuerait pour beaucoup de jeunes gens, pas tous, toute énergie et motivation, et les transformerait en une génération de citoyens blasés.»[34]

— Rudolf Strahm, politicien

La population se shootera

«Le revenu de base inconditionnel est un instrument qui attaque notre système actuel dans son noyau, car il met l'individu sous perfusion de l'État. [...] En fait, ce système est contre nature. L'État dit: «Voici, vous avez assez d'argent, vous pouvez aller travailler si vous voulez. Cela induit une société apathique et shootera toute une population. Dès lors qu'on lui sert tout sur un plateau, l'être humain devient indolent et fainéant.»[35]

— Philipp Müller, politicien

Exploitation par des fainéants

«Ainsi serions-nous désarmés face à l'exploitation par ceux qui ne veulent pas se prendre en main, même s'ils en avaient la possibilité. Un revenu de base inconditionnel ne signifie ni plus ni moins: ‹Liberté pour tous, mais qui est responsable?›; le compte n'y est pas. [...] L'idée du revenu de base inconditionnel, on peut la tourner

et la retourner comme on veut, non seulement elle passe à côté de la réalité de la société et de l'être humain, mais elle remet aussi en question nos fondements. »[36]
— *Katja Gentinetta, conseillère*

Des parents éternellement en vacances
« Le revenu de base inconditionnel serait une intervention immense et incroyablement onéreuse pour l'État. Il conduirait immanquablement au hors-jeu. [...] Si le revenu de base inconditionnel était libérateur, il ne le serait que pour ceux qui ne veulent pas travailler. Ceux qui continueraient de travailler seraient écrasés par le poids des impôts. [...] Si chaque membre de la famille percevait un revenu de base inconditionnel, les parents de trois ou quatre enfants pourraient en permanence partir en vacances. »[37]
— *Reiner Eichenberger, économiste*

Beaucoup trop cher et avantageux pour les riches
« Si je suis contre un revenu de base inconditionnel, ce n'est pas seulement à cause de son coût puisqu'il sera perçu par chaque citoyen. Un jeune dont les parents sont aisés et qui n'aurait plus envie de travailler, percevrait malgré tout un tel revenu sa vie entière. D'autres seraient alors obligés de travailler pour lui, et ils ne se comporteraient nullement de manière solidaire. »[38]
— *Gregor Gysi, politicien*

La performance est raillée
« On veut à nouveau réchauffer ‹le repas gratuit›, quelque chose qui ne peut exister en économie. Avec cette assurance de base, beaucoup de petits salariés cesseront le travail, les immigrants, ceux qui cherchent un premier emploi ou qui exercent une profession à

temps partiel, ceux qui élèvent seuls leurs enfants, les femmes qui contribuent aux ressources du ménage. La participation à la production chutera de manière drastique. [...] En Europe de l'Ouest, plus de la moitié des ménages perçoivent une part de leur revenu versé par l'État. [...] La centralisation de la société qui est déjà très importante risquera, avec ce revenu, de prendre un caractère totalitaire. [...] Les quelques citoyens désireux d'être productifs seraient minoritaires. [...] Derrière cette idée il n'y a vraiment rien de réfléchi, rien de libéral, rien de social.»[39]
– *Beat Kappeler, journaliste*

Du citoyen libre à l'esclave de l'État

«La nouvelle initiative populaire pour un revenu de base inconditionnel nous promet à tous une existence plus accomplie. Il est vrai qu'il vaut mieux distribuer des gâteaux à longueur de journée et en manger soi-même, que de se lever à quatre heure du matin et faire cuire du gâteau pour les autres? Malheureusement, cette libération se révèle être comme une prison dans laquelle l'État procure la nourriture. Telle une communauté de rentiers de l'État, les citoyens se transforment en esclaves de l'État. Ce qui est embêtant, c'est qu'il faudrait payer quelqu'un pour payer le système de redistribution, et cela en usant d'un financement d'office, en incitant une partie des citoyens à obliger les autres à payer. [...] Mais pour beaucoup d'habitants de par le monde, notre pays sera considéré comme un pays de cocagne dans lequel il faudra migrer sans tarder. Avec un revenu de base inconditionnel, nous atteindrons rapidement l'égalité: nous serons tous également pauvres.»[40]
– *Christoph Mörgeli, politicien*

De l'impossibilité à changer les êtres humains
« Le règlement du salaire à la fin du mois est plus qu'un virement monétaire. Celui qui devient chômeur fait tout particulièrement l'amère expérience de l'importance du salaire comme reconnaissance de la prestation fournie. Pour beaucoup d'êtres humains, le travail est plus qu'un passe-temps. Il est vrai que la plupart des gens aimeraient avoir davantage de temps libre, mais une fois obtenu, il peut se révéler problématique. Déjà au bout de la deuxième semaine, plus d'un sombre dans une crise existentielle et recherche un sens à sa nouvelle vie. [...] On peut trouver lamentable le fait que ‹travail› et ‹salaire› soient si importants pour nous. Il se trouve pourtant que nous sommes une société laborieuse, c'est dans notre culture. [...] Pour beaucoup de personnes, ce ne serait pas leur rendre service que de leur garantir un revenu de base sans condition. »[41]
— *Patrick Feuz, journaliste*

Abolition de la pesanteur
« Celui qui est capable de travailler paye pour ceux qui en sont incapables. L'initiative populaire désire un changement selon le principe : ‹Celui qui choisit de travailler paye pour ceux qui ne le veulent pas.› [...] Point n'est besoin d'être particulièrement paresseux pour trouver, dans ce contexte, que son emploi se révèle être moins attractif. Il suffit de savoir calculer. [...] L'initiative populaire pour un revenu de base inconditionnel [...] promet dans les conditions d'une telle initiative, l'abolition de la pesanteur. »[42]
— *Hansueli Schöchli, journaliste*

Le système serait victime d'un collapse
« Beaucoup de gens ne se sentiraient plus incités à rechercher du travail ; des jeunes trouveraient insensé de se démener à l'école, d'apprendre un métier, de faire des études, puisque l'État

subviendrait aux besoins de l'existence. Mais avant que le gâteau ne puisse être partagé, il faut le faire cuire et lorsqu'il ne cesse de se rapetisser, en fin de compte, il n'en restera plus grand chose et le niveau de vie chutera. Dans le pire des cas, il sera victime d'un collapse. La seule chose positive serait une discussion au sujet de notre système social et fiscal beaucoup trop complexe. »[43]
— *Daniel Kalt, économiste*

Il ne suffit pas de simplement imprimer des billets
« Il ne doit pas exister un droit à un revenu sans une activité professionnelle, sinon tous ceux qui se donnent du mal pour avoir un revenu seront punis. L'argent que nous percevons sous forme de salaire ne provient pas simplement d'une imprimerie mais de notre création de valeur. [...] Un revenu de base inconditionnel présuppose que d'autres que moi-même génèrent de la valeur. Si chacun pensait ainsi, qui donc continuerait à travailler ? » [44]
— *Daniela Schneeberger, politicienne*

Le symbole d'une décadence de la société d'abondance
« Le projet n'est pas un antidote contre la misère, mais le symptôme d'une décadence de la société d'abondance. Il ne résoudrait pas le moindre problème, mais en créerait d'autres. [...] Le revenu de base inconditionnel, selon le modèle qui sera soumis au vote populaire, est casse-cou, hasardeux et irresponsable économiquement. Finalement, le plus préoccupant, c'est l'avachissement conceptuel qui se cache derrière. [...] Celui qui veut abolir la responsabilité personnelle, sacrifiera aussi son pendant, la liberté individuelle. Un sentiment de responsabilité globale, envers la totalité de la société, ne sera développé que par ceux qui sont majeurs, par des citoyens autonomes et non par des personnes ayant perdu leur dignité, des parasites indolents. »[45]
— *Manfred Rösch, journaliste*

Le système est figé

«Je crois qu'avec l'introduction du revenu de base inconditionnel, une partie de la société sera coupée du droit au travail. [...] Nous devons mener le combat afin que le travail rémunéré soit défini de manière neuve, que le travail non rémunéré tel que le soin aux enfants et aux seniors soit indemnisé. [...] Le revenu de base inconditionnel figera le système; les bénéficiaires seront mis au placard. Les différences sociales que nous combattons de toutes nos forces subsisteront.»[46]
— *Corrado Pardini, politicien*

Une prime de silence pour des perdants

«Les efforts pour différencier les personnes inaptes au travail de celles qui sont récalcitrantes au travail [...] ne sont pas toujours couronnés de succès, mais y renoncer, pour chaque État moderne et éclairé, ressemblerait à une déclaration de faillite. Sous cet aspect, le revenu de base inconditionnel pourrait même être considéré comme une prime de silence pour les perdants du marché du travail: un État incapable de créer les conditions permettant à ceux qui ont la bonne volonté de rechercher un emploi rémunéré capable d'assurer leur existence [...] n'aura plus besoin de se préoccuper des perdants de l'échec de sa politique, car pour deux mille cinq cent francs mensuels, mensuels, ceux-là se tairont plus facilement.»[47]
— *Lukas Rühli, économiste*

La séduction d'un pays de Cocagne

«Le charme du revenu de base inconditionnel, c'est le charme du pays de Cocagne. ‹Sans conditions› signifie ‹sans efforts›. Sans le moindre effort, les billets de banque voleront dans la maison. [...] La grande fascination avec ça, c'est de croire que le pays de Cocagne rendrait les gens libres et libérerait leur créativité. C'est l'inverse

qui est vrai : ce pays rendrait les gens indolents. Le revenu de base inconditionnel étoufferait leur imagination, paralyserait leur créativité et provoquerait la fin du progrès humain. »[48]
— *Rainer Hank, journaliste*

La peur face aux profiteurs
« L'objection contre le revenu de base inconditionnel souligne aussi un élément central de l'équité, celui de la réciprocité. Selon lui, on ne perçoit pas un revenu seulement par le fait d'être un citoyen, mais avant tout pour la contribution qu'on apporte à la communauté. Le danger global qui menace une société se renforce là où la différence s'estompe entre avantages sociaux et salaire. Même si le travail ne s'accomplit pas à la sueur de notre front, il demande malgré tout un certain effort que d'aucuns préfèrent éviter : un investissement personnel des capacités professionnelles adéquates, une aptitude à faire le travail exigé et surtout une mobilité professionnelle, sociale et géographique. »[49]
— *Otfried Höffe, philosophe*

Des enfants conçus par calcul
« Beaucoup de personnes veulent d'elles-mêmes réaliser quelque chose. D'autres aiment le hamac. Je ne voudrais pas d'un système qui traite pratiquement les uns de la même façon que les autres. Imaginons par exemple la situation suivante : deux personnes, toutes les deux bien installées dans leur hamac, se rencontrent. C'est gentil et sympathique. Chacune perçoit huit cent euros. Elles ont ensuite une dizaine d'enfants, ce qui leur rapportera à nouveau huit mille euros. Elles vivront donc magnifiquement et dans la joie avec neuf mille six cent euros. [...] On ne peut pas payer des êtres humains pour simplement exister, ce n'est pas raisonnable. »[50]
— *Thilo Sarrazin, politicien*

Les faux-bourdons menacent

«Celui qui est dans l'impossibilité d'assurer lui-même son existence, l'éthique de la justice veut qu'alors, ce soit à la communauté de le faire. Mais cette même éthique de la justice ne peut trouver équitable de choisir entre travailler et ne pas travailler, sans que ça entraîne des répercussions découlant de la différence entre ces deux choix. Le revenu de base inconditionnel confère aux citoyens une existence sans fierté ni sens moral. Au nom d'une pseudo-liberté supérieure qu'ils appellent la vraie liberté, ils deviendront des aliénés. Le droit à la prestation sera étouffé par les revendications. Tous seront dépendants de l'État qui fera fonction d'Alma Mater, celle qui donne sans service rendu en échange, à l'image de la mère moderne, qui renonce même à son statut.»[51]
– *Wolfgang Kersting, philosophe*

Un clivage sociétal

«L'instauration d'un revenu de base inconditionnel approfondirait le fossé déjà existant culturellement dans la société entre ceux qui sont intégrés professionnellement et ceux qui ne le sont pas, que ce soit à cause d'un travail précaire et instable, ou pour raison de chômage. Cela équivaudrait à une capitulation. Au lieu de mettre en œuvre une stratégie d'intégration et de stabilisation dans le monde du travail, on irait vers une sortie finale et rapidement irréversible du marché du travail.»[52]
– *Julian Nida-Rümelin, philosophe*

Renoncement au principe de solidarité

«Le système d'un revenu de base inconditionnel demanderait un changement total du financement des allocations. [...] Ce serait un renoncement à l'actuel principe de nécessité d'un État social solidaire venant en aide dès qu'un besoin se manifeste.

Ce serait aussi un renoncement au principe ‹contribution contre service rendu› sur lequel reposent les assurances chômage et vieillesse. La mission du gouvernement fédéral est pourtant de renforcer ces deux principes. Dans cette mesure, le revenu de base inconditionnel ne peut être un projet du gouvernement actuel. »[53]

— Angela Merkel, politicienne

La priorité au capital

« Le revenu de base inconditionnel soustrait le capital de sa responsabilité, puisque ce ne seront plus les employeurs qui devront régler ce revenu existentiel de base, mais ce sera à l'État de le faire. L'employeur n'aura, éventuellement, qu'à verser un supplément. Il y aurait le danger d'une double rétribution. C'est probablement aussi la raison pour laquelle le revenu de base inconditionnel a de nombreux adeptes dans le camp des employeurs. »[54]

— Sahra Wagenknecht, politicienne

Contre l'histoire de l'Humanité

« Je suis contre un revenu de base inconditionnel parce que de tout temps, l'être humain a été obligé de se démener pour survivre. Je ne crois pas à un revenu sans contribution en retour, telle une manne tombant du ciel. On promet donc un revenu à ceux qui ne font rien. Il y a là quelque chose qu'on néglige de dire, c'est que ceux qui travaillent devront exactement dégager la somme du revenu de base. C'est tout simplement un non-sens, c'est se faire illusion à la puissance trois. »[55]

— Oswald Metzger, politicien

Une cantine de campagne ambulante à la place de l'État social
« Voilà le dernier tube du réservoir inépuisable des réformateurs qui veulent toujours tout changer. L'argent des contribuables devra être un forfait payé à tous par l'État. Chacun obtiendra une ration de la cantine qui remplacera l'État social. L'argent des contribuables est un revenu uniforme distribué par l'État. Pour les uns, ce sera un revenu de famine et pour les autres, qui n'en auront nullement besoin, un pourboire. Peu importe que l'on soit riche ou pauvre, face au revenu de base inconditionnel, tous seront égaux. L'argent des contribuables sera un rouleau compresseur qui aplatira l'État social. Le revenu de base ‹ sans travail › appelé revenu de base inconditionnel, contredit tout ce que nous avons appris concernant l'équité et la solidarité. Il met tout dans le même sac. Le temps de l'égalitarisme a débuté. » [56]
— *Norbert Blüm, politicien*

L'esprit refusant de travailler
« Lorsqu'on perd tout contact avec les convictions prédominantes — et parmi elles, il y a la certitude que l'argent n'existe que parce qu'il y a une contrepartie — on perd alors toute force de persuasion. L'argent parachuté par hélicoptère, le revenu de base inconditionnel, le plein-argent et toute une série d'autres idées, sont très attractives. Grâce à elles, on volera suffisamment haut au-dessus du nid de coucou pour ne heurter personne puisque, de toute façon, personne ne nous prendra au sérieux. On s'épargnera ainsi les peines de la plèbe et du combat quotidien avec les moulins à vent qui rendent notre existence si pénible. » [57]
— *Heiner Flassbeck, économiste*

Le p

Le pouvoir

**Si chacun décide,
qui décide à la fin ?**

2 — Le pouvoir

Si chacun décide, qui décide à la fin ?

Pourquoi l'initiative populaire est le bon choix

Le revenu de base inconditionnel ne tombe pas du ciel. Ce n'est pas un droit émanant des autorités, c'est un droit qui part de la base. Les droits fondamentaux ont toujours été conquis par les citoyens contre les autorités, avant d'être finalement accordés.

En tant que droit fondamental, le revenu de base inconditionnel touche la question du pouvoir. Il remet progressivement le pouvoir de décision entre les mains des particuliers et ne se réalisera qu'avec l'accord de tous. C'est le citoyen souverain qui devra se libérer lui-même en s'octroyant le revenu de base inconditionnel.

Un parlement qui a le monopole d'édicter les lois, comme c'est — hormis la Suisse — plus ou moins le cas dans toutes les démocraties, est défavorable au revenu de base inconditionnel. Évidemment ce revenu peut être instauré à tout instant, formellement, par chaque institution. Mais sa particularité, c'est qu'il doit être accordé démocratiquement et librement par le peuple. Il place le rapport entre citoyen et politique à sa juste place : les citoyens ne sont pas des quémandeurs qui veulent influencer les politiques, mais ce sont les politiques qui sont au service des citoyens et de leurs intérêts. La manière dont quelque chose est financé, transféré ou inséré dans autre chose, ça, c'est l'affaire des politiques. C'est aux partis d'y apporter toute leur expertise. Cependant, c'est à la communauté de décider à qui elle veut donner une allocation. C'est pourquoi l'initiative populaire est la juste voie pour instaurer un revenu de base inconditionnel. Tout le monde nous envie cette possibilité. Les Suisses ne mènent pas simplement une discussion concernant ce revenu, ils le votent aussi. C'est sérieux, même si cela reste aussi un jeu. C'est le tour d'adresse de la démocratie directe.

Celui qui ne demande rien, n'a rien

Concernant l'initiative pour le droit au revenu de base inconditionnel, ce qui est décisif, ce n'est pas ce que prétend l'establishment politique. La problématique de ce revenu inconditionnel de base agit de manière étrange et souvent incompréhensible sur les préoccupations habituelles des politiciens. C'est ce que démontrèrent le discours du Conseil fédéral suisse et les délibérations dans la commission du Conseil national suisse.[58]

La commission fut visiblement dépassée de manière presque grotesque, elle fut décontenancée et maladroite. Qu'ils soient de droite ou de gauche, les conseillers présents formulèrent des questions et des objections qui démontrèrent plus d'incompréhension qu'ils ne permirent un débat différencié sur le thème. Cela n'est pas grave, mais montre qu'il s'agit d'un projet de scrutin qui bouscule l'activité ordinaire des hommes et femmes politiques.

Les partis conseilleront de refuser le revenu de base inconditionnel. On argumentera qu'il ne sera pas finançable, que les conséquences seront imprévisibles et qu'il faudra émettre des réserves car il sera susceptible de supprimer l'envie de travailler.

On ajoutera que ce revenu est asocial avec des relents néolibéraux, ou bien antilibéral avec des relents socialistes. Chez les adversaires apparaîtront les slogans: «De l'argent pour rien? Mais alors sans nous!»; «Celui qui veut manger, devra travailler!»; «Oui pour les Suisses, non pour les parasites sociaux!».

Les questions soulevées par le revenu de base inconditionnel concernent chaque citoyen. Les combats de tranchée entre les partis politiques n'y joueront qu'un rôle accessoire. Celui qui vote en guidant son choix sur ce que pensent les autres, sans faire sienne la problématique de ce thème, laisse passer l'occasion de se demander comment, à l'avenir, il voudra vivre et travailler.

Que ferons-nous lorsqu'il n'y aura plus d'obligation de travailler? Lorsque tous les autres travailleront pour nous? C'est la question que se posera l'économiste. L'envieux, le nihiliste et peut-être mon voisin se demanderont: de toute façon, y aurait-il encore quelqu'un pour travailler si son revenu est assuré? Le pessimiste, lui, se posera la question: qui fera les sales boulots? Le conservateur y ajoutera: n'y aurait-il alors pas un afflux de migrants? Le philosophe, lui, songera: qu'est-ce que le travail? Et quant au pédagogue: ne faudrait-il pas, tout de même, lier ce revenu à certaines conditions? Chacun aura son propre questionnement.

Seul, le citoyen est souverain

En Suisse, en tant que citoyen, je me sens souverain. Ce n'est pas du tout excitant, mais normal. Celui qui se sent souverain, considère les hommes et femmes politiques d'une façon plus paisible et plus objective. Son regard est semblable à celui qu'il porte sur des employés et non à celui qu'il porte sur des chefs. Grâce au droit d'initiative, je peux apporter des impulsions à l'activité politique, et grâce au droit référendaire existe la possibilité de rappeler aussi de temps à autre les politiques à leur devoir.

Déjà ces deux éventualités permettent de dénoncer certaines dérives. Cela fait des politiciens des artisans plus que des maîtres d'ouvrage. Ils sont davantage liés à une mission et moins au pouvoir. C'est la raison pour laquelle ils suscitent plus de respect et moins de moquerie de la part de leurs concitoyens et des médias que dans d'autres démocraties représentatives. Le pouvoir est mieux partagé, plus efficace et ainsi devient plus objectif.

En Suisse, la politique fédérale ne prend pas autant de place que dans la plupart des démocraties représentatives. Il n'y a pas ceux qui sont tout là-haut et moi, une fraction de l'électorat populaire, qui tous les quatre ou cinq ans, a le droit de donner sa voix à une poignée de partis différents qui se ressemblent. Cette possibilité stimule et accroît mon sentiment d'exister. La démocratie directe s'adresse à ma volonté.

Dans la démocratie directe je me sens souverain car c'est moi qui aurai le dernier mot ; et si je l'obtiens, je n'ai pas besoin de le revendiquer à tout bout de champ. Face aux politiques, je suis celui qui fait souffler le vent, ce qui fait que pour être un bon politique, il faut être un bon surfeur et un bon navigateur.

En Allemagne, il semble que les politiciens ne naviguent plus à l'aide du vent mais avec des moteurs, certains même en sous-marin. Alors comment percevoir le vent ?

L'économiste Bruno S. Frey étudia les plébiscites dans les cantons suisses et constata que là où les êtres humains pratiquaient le plus la cogestion et étaient le plus plébiscités, ces derniers étaient aussi plus satisfaits. En tout et pour tout il apparaît que «le niveau économique d'un pays est bien plus élevé quand il existe des possibilités pour le peuple d'avoir son mot à dire par le biais des initiatives et des référendums».[59]

Les analyses de Frey montrent en outre «que les démocraties qui permettront une participation directe aux décisions politiques ont de considérables avantages économiques par rapport à des démocraties représentatives. Le poids fiscal est moindre et l'État est plus efficient; ce qui signifie que les prestations publiques sont moins onéreuses. Cela constitue un plus pour l'activité économique car la bureaucratie et la réglementation y sont moins contraignantes».

Le revenu de base inconditionnel est la prochaine étape. Il aplanit le chemin vers une société où chacun pourra décider librement selon sa volonté. Cela va avantager la société, puisque chacun deviendra socialement plus conscient de lui-même et saura mieux ce qui l'anime. Andreas Gross, politicien suisse et spécialiste de science politique, met le point sur les i: «L'introduction d'un revenu de base inconditionnel représenterait une contribution essentielle à une démocratisation de la démocratie.»[60]

Ne pas réguler davantage, mais réguler mieux

Le revenu de base inconditionnel veille à ce que beaucoup de choses qui, actuellement, sont régulées par l'État, ou qui devront l'être, pourront être portées à la libre décision des citoyens. S'ils sont sujets à une réglementation délibérée, on pourrait éviter une surenchère de règlements qui risquerait de restreindre les libertés.

Le revenu de base inconditionnel crée la base pour éviter de raccourcir de manière artificielle le temps de travail, mais pour le faire selon les besoins. Dans la société du revenu de base inconditionnel, le travail n'est plus ce que l'on est obligé d'accomplir, mais ce que l'on veut accomplir. Il représente la contribution que je veux apporter, il n'est pas le mandat qu'il faut remplir pour survivre.

Le revenu de base inconditionnel n'a rien à voir avec le revenu minimum garanti. Ce dernier est nécessaire là où les êtres humains sont dépendants du travail, ce qui les oblige à exiger un minimum pour leur travail. Le salaire minimum est une avancée juste dans la mauvaise direction. Il assure le juste paiement du travail rémunéré. Parallèlement, il réduit le travail au niveau d'un travail rémunéré et le renchérit. Plus le travail rémunéré coûtera, plus il sera rationalisé. Par peur de perte des emplois, l'initiative suisse pour l'obtention du salaire minimum fut approuvée en 2014 par seulement 23% des votants et refusée dans tous les cantons.[61] L'idée d'un plafond de salaire limité, exigé par l'initiative 1 : 12, avec 35% de voix favorables fut également refusée par l'ensemble des cantons 2013.[62]

Dans ce débat, on a brandi le scénario de la perte d'un grand nombre d'emplois rémunérés. Le revenu de base inconditionnel aborderait d'une autre façon le problème des rémunérations abusives : il permettrait d'éliminer les patrons les plus malhonnêtes. Cela éviterait un grand nombre d'interminables luttes politiques, puisque chacun aura la liberté de décider lui-même dans quoi il a envie de s'engager.

Celui qui veut gagner quelqu'un à sa cause devra lui expliquer «le pourquoi et le comment» et si sa cause est bien sensée. S'il réussit, il trouvera des amateurs. S'il ne songe qu'à exploiter l'autre pour quelque chose que celui-ci trouve insensé, il se retrouvera perdant.

On milita contre l'octroi d'un salaire minimum et la limitation d'un salaire maximum en évoquant le risque des suppressions d'emploi. Le revenu de base inconditionnel permet de laisser tomber des emplois qui n'ont pas de sens en garantissant judicieusement le revenu. Cela conduit à rendre le particulier moins manipulable avec, pour conséquence, un nombre moindre de règles contraignantes, puisque chacun pourra régler ses desiderata de manière autonome.

En Suisse, en Allemagne et aux États-Unis

Dans différents pays, les discussions autour du revenu de base inconditionnel se mènent de manière différente. En Suisse, il ne s'agit pas de soulager des détresses matérielles. Ce revenu n'est pas créé pour régler le problème de la pauvreté ou pour relancer l'économie. En Suisse, le revenu de base inconditionnel n'est pas une solution d'urgence mais une innovation, c'est à dire une amélioration qui reste contestée et qui n'est pas voulue de tous. Le revenu de base inconditionnel doit être discuté avant de pouvoir être instauré.

En même temps, le revenu de base inconditionnel reste un sujet brûlant, car il constitue un affront pour tous ceux qui pensent que la dignité et la valeur d'un être humain se retrouvent dans le fait de pouvoir subvenir à sa propre existence. Pour eux, le revenu de base inconditionnel est une voie dangereuse, une utopie qui promet le paradis sur terre, au lieu de proposer aux êtres humains de s'entendre dans les limites de leur condition sur terre.

Celui qui pense ainsi, voit dans le revenu de base inconditionnel une menace pour le contrat social, prévu pour n'aider que ceux qui sont incapables de se prendre en main. Et selon lui, le revenu de base inconditionnel mènera, dans la suppression de ce stimulant, à la disparition de la base même de l'économie, puisqu'alors chacun pourra mener ses affaires selon son bon plaisir, au lieu de se laisser indiquer par la main invisible du marché ce qu'il faut faire. Pour d'autres, à l'âme libérale, le revenu de base inconditionnel brandit le fantôme horrible, socialiste, d'une allocation concédée par l'État dans le but de rendre l'individu dépendant. Ceux de gauche redoutent à leur tour que ce revenu déconstruise les prestations sociales durement acquises. Ils le décrivent comme une coupe à blanc néolibérale et exigent à sa place une augmentation des prestations sociales.

La situation en Allemagne est différente avec les réformes Hartz.* Les conséquences de ces réformes ne touchent pas seulement ceux qui perçoivent les allocations Hartz IV, mais aussi tous ceux qui, à l'avenir, sont menacés de la percevoir un jour, sans oublier ceux qui les gèrent quotidiennement. Tous ceux qui considèrent l'Allemagne comme un pays de parasites et de fainéants sont favorables à ces lois, puisqu'à leurs yeux, elles sont efficaces contre le pillage de l'État par les aides sociales.

Cette situation fait qu'en Allemagne ce débat est déjà bloqué dès le départ par les deux préjugés affirmant d'un côté que plus personne ne voudra continuer à travailler, et de l'autre côté que le revenu de base inconditionnel ne pourra de toute façon jamais être financé. Cet obstacle devra être surmonté afin de pouvoir entamer une discussion et montrer à quoi le revenu de base inconditionnel pourrait aboutir : à un droit fondamental qui, pour beaucoup, apportera l'espoir de pouvoir sortir de la misère effective du travail forcé.

Aux États-Unis, la misère est bien plus présente qu'en Allemagne, et pourtant le revenu de base inconditionnel est moins considéré comme une solution pour combattre la pauvreté et le dénuement, que comme une innovation, à l'image de la Suisse. Les retombées médiatiques suscitées aux États-Unis par l'initiative populaire suisse nous l'ont prouvé. N'en doutons pas, chaque américain continuera à vouloir réaliser son « rêve américain ». Avec en arrière-plan un rêve qu'on veut réaliser et le revenu de base inconditionnel, pensez-vous que plus personne ne travaillera ? On vivra son rêve !

Aux États-Unis, le revenu de base inconditionnel est comme une requête de tradition libérale. Il y est dit : «Feeding programs feed bureaucracy» : «Les programmes pour nourrir les pauvres nourrissent la bureaucratie». Le revenu de base inconditionnel déconstruit la bureaucratie, et en même temps il réduit une méfiance inutile et des procédés superflus. Il rend réalisable un amaigrissement de l'État et produit un grand effet : la libéralisation du citoyen. Celle-ci semble incontournable à toujours plus de chefs d'entreprise high tech de la Silicon Valley, car ils trouvent indispensable de pourvoir les gens d'un revenu de base inconditionnel afin d'assurer la vente des produits qu'ils développent et qui, justement, remplacent le travail humain.

Tandis qu'en Suisse le revenu de base inconditionnel est, de tous les pays, le plus débattu, en Allemagne il manque l'instrument pour l'implanter : l'initiative populaire fédérale. Il y a en plus la hantise du fantôme Hartz IV qui affecte la dignité humaine. Aux États-Unis le revenu de base inconditionnel est considéré à la fois comme une promesse libérale permettant à chacun de réaliser son rêve et comme un moyen pour lutter contre la pauvreté car, contrairement à l'Allemagne, où la précarité est créée de manière artificielle, voulue moralement et organisée perfidement, il manque aux États-Unis jusqu'à présent des prestations sociales appropriées. Aux États-Unis la pénurie, ou bien n'est pas vécue comme telle, ou bien elle est considérée comme normale, de sorte que ce sont les solutions pragmatiques qui sont recherchées pour la neutraliser. En Allemagne, on pourrait la neutraliser sans problème mais au lieu de ça, on fait des efforts insensés pour la maintenir.

---

* NdT : Les réformes Hartz sont les réformes du marché du travail qui ont eu lieu en Allemagne entre 2003 et 2005 sous le mandat du Chancelier Gerhard Schröder SPD. L'inspirateur de ces réformes Peter Hartz était le directeur du personnel de Volkswagen, où il négocia des accords sur la flexibilité des horaires. Elles ont pour but de renforcer la lutte contre le chômage volontaire et d'améliorer le retour en activité des bénéficiaires d'allocations. Ces réformes controversées, visent à adapter le droit (du travail, fiscal) allemand à la nouvelle donne économique dans le secteur des services.

Le revenu de base inconditionnel et les politiciens

Pourquoi les politiciens veulent-ils toujours empêcher les citoyens de déterminer leur libre espace ? Ils perçoivent pourtant eux-mêmes un revenu de base inconditionnel. Ils encaissent une allocation leur permettant de remplir leur mandat dans de bonnes conditions et de se protéger contre la corruption. Ils ne touchent pas cette somme pour des prestations fixées à l'avance, mais pour être à même de prendre des décisions de manière autonome. Pourquoi alors ont-ils tellement de mal à préconiser le revenu de base inconditionnel ?

Le mandat libre est un fondement de la démocratie parlementaire. Chaque représentant du peuple peut, lors d'un scrutin parlementaire, voter ce qu'il croit juste. Personne ne le contraint, aucun retrait de rétribution ne le menace. Le député n'est pas rétribué pour sa prestation, mais pour ce qu'il peut apporter comme prestation. Celle-ci peut consister à réaliser un acte ou à s'en dispenser, il peut dire oui ou non. De toute façon, le fait que l'élu ne soit pas payé pour ses prestations, mais qu'il soit mandaté, est un bien précieux. Ce que les électeurs pensent de lui, ils l'expriment le jour du vote. Ce n'est pas une affaire d'argent.

Personne mieux que les politiciens ne peut donc comprendre le côté positif d'un revenu de base inconditionnel. Cette rémunération est en fait leur revenu de base inconditionnel. Toutefois, le vrai revenu de base inconditionnel sera perçu aussi par les non-politiciens, puisqu'il sera octroyé à tous les citoyens : de l'artisan à l'ingénieur, au chômeur en passant par la mère élevant ses enfants.

Pourquoi est-il donc si difficile pour les politiciens de soutenir le revenu de base inconditionnel ? Ont-ils un complexe de supériorité ?

Ne s'imaginent-ils pas les citoyens capables de s'investir dans des mandats biographiques personnels ? Ou bien, pensent-il que leur propre modèle d'allocation est dépassé et préfèrent-ils être payés pour telle ou telle prestation accomplie avec succès ?

Les raisons pour bloquer le chemin au revenu de base inconditionnel sont multiples et l'électorat en est une des plus importante. Ce n'est pas la mission du politicien d'être l'avant-garde intellectuelle du pays. Il n'est pas élu pour des visions politiques, mais parce qu'il fait siennes ce que la majorité populaire tient pour justifié. Cette race de politicien qui navigue avec le vent électoral, changera la direction de sa navigation politique dès l'instant où il sentira ce vent tourner. Il observera avec attention à quel moment les électeurs seront prêts, à l'image, d'ailleurs, du politicien lui-même, pour le revenu de base inconditionnel. Aussi longtemps qu'il n'aura pas perçu ce signe, il protégera la collectivité d'une idée aussi absurde.

L'appareil de l'État n'est pas l'organe initiateur et incitateur de la démocratie. Son devoir est de faire fonctionner ce qui est voulu par la majorité. Ce faisant, il n'existera pas de politicien qui aura un succès durable avec des thèmes qui n'intéressent personne, et inversement, il existe bon nombre de politiciens à succès qui s'investissent de manière pragmatique pour les idées qui, actuellement, ont la cote. Il est inutile de se faire du souci pour les politiciens, ils feront ce que nous voulons, puisqu'ils souhaitent être réélus.

Tant que nous ne voudrons pas le changement, eux ne feront rien, sauf être le miroir nous indiquant ce qui n'est pas encore évident. Cette apathie caractérise le cheminement démocratique que devra emprunter une idée pour éviter qu'elle ne se transforme en idéologie. Toute idée qui s'empare brusquement de la masse populaire doit être soupçonnée d'idéologie. C'est pourquoi le revenu de base inconditionnel n'émergera que lorsque le moment sera venu, que lorsque sa route aura été suffisamment longue pour que, socialement, il soit devenu une évidence. Les partis et les politiciens qui, actuellement, le déclarent insensé, en se fourvoyant sur une fausse voie, changeront alors d'attitude. Ils le recommanderont et le justifieront par un modèle conforme à leur point de vue.

Lorsque le moment sera venu que l'idée du revenu de base inconditionnel soit mûre, l'affrontement politique suivra son cours habituel pour trouver la bonne manière de faire. C'est bien ainsi, même si parfois cela semble impensable.

Un pour tous, tous pour un !

Ce crédo démocratique constitue le motif pour lequel se battent les trois mousquetaires dans le roman éponyme d'Alexandre Dumas paru en 1844. Cette formule deviendra rapidement la devise non officielle de la Confédération Helvétique. Elle est l'expression de l'individu libre et de la société libérale. Seul celui qui est libre pourra se mettre entièrement au service de la communauté. Seule une communauté émancipatrice permet l'engagement. Ainsi les mots du philosophe suisse Stefan Brotbeck: «Moi seul je peux me rendre libre, mais je ne peux le devenir seul. Le drame de la libération est un drame social.»[63]

«Un pour tous.» Cela peut signifier aussi un héroïsme exagéré, de la suffisance et de l'arrogance; c'est le particulier qui se prend trop au sérieux par rapport aux autres. Mais cela peut exprimer aussi un dévouement au-delà des limites: c'est le particulier qui ne se prend pas assez au sérieux. Au temps de la division du travail et des assurances sociales, c'est devenu la formule pour une réalité: mon activité est orientée vers les autres, je ne travaille pas pour moi, mais pour les autres, ce qui est plus efficace en étant libre et en pouvant s'autodéterminer.

«Tous pour un.» C'est un slogan qui peut aussi provoquer une déviance au sein d'une société qui se prendrait trop au sérieux face aux particuliers. Mais aussi, cela peut vouloir dire que la société agit dans l'oubli d'elle-même. Cette attitude d'abnégation peut se focaliser sur une seule idole. Aujourd'hui cela s'énonce ainsi : chaque individu sera assuré de son existence par tous les autres. Personne ne pourra plus être autosuffisant, chacun est porté par les prestations de la communauté.

C'est elle qui le libère puisqu'elle l'émancipe de la nature, une nature qu'autrefois il devait labourer, façonner. Jadis l'individualisme consistait dans la capacité de survie au sein de la nature, de nos jours il consiste, assuré par la communauté, à devenir un être humain libre, singulier. L'individualité ne se base plus sur le besoin individuel que chacun doit résoudre tout seul, mais sur l'action individuelle que chacun doit accomplir pour les autres.

«Un pour tous, tous pour un.» Structurellement, cela signifie chacun pour chacun. Voilà l'entrelacement idéal pour structurer les relations vers une nouvelle vie. Le revenu de base inconditionnel conduit à ma libération par d'autres, pour d'autres. C'est la base de la société des mousquetaires : par un engagement libre, ils deviennent capables d'agir. Le revenu de base inconditionnel permet au particulier de servir la communauté le plus efficacement possible, quant à la communauté, son but le plus élevé sera de libérer le particulier. Voilà le latin moderne : *Unus pro omnibus, omes pro uno.*

Les conditions pour un revenu inconditionnel

Le revenu de base inconditionnel est évidemment assorti de conditions. Il n'abolit pas la législation en cours, mais la réforme vers un revenu inconditionnel. Le revenu inconditionnel marque la différence qui existe par rapport aux conditions exigées pour l'attribution des aides sociales actuelles.

Ce sont des règles qui nous concernent tous, elles ont une valeur générale. Pour la perception du revenu de base inconditionnel, le législateur devra décider sous quelle forme il sera perçu, à quelle hauteur et pour qui. Qu'en sera-t-il pour les enfants ? Pour les retraités ? Pour les émigrants ?

La règle générale stipulera que le revenu de base inconditionnel n'est pas lié aux conditions recensées actuellement. Il faut évidemment être né, il est fait pour des êtres humains, non pas pour des anges, et après la naissance il est pour les parents. Le revenu de base inconditionnel ne sera pas de l'argent de poche pour les enfants, ni aussi élevé que pour les adultes.

Les parents percevront ce revenu pour leurs enfants, jusqu'à leur majorité, ensuite ce sera aux jeunes adultes de le percevoir. D'une manière générale, le revenu de base inconditionnel remplacera les autres allocations sociales, à l'exception des aides complémentaires. Chacun selon ses besoins. Qui donc devrait être exclu du revenu de base inconditionnel ? Les fous ? Les paresseux ? Les imbéciles ? Les effrontés ? Les riches ? Les enfants ? Les entrepreneurs et les politiciens, les étrangers ?

Existe-t-il une raison de ne pas percevoir ce revenu de base ? Parce qu'on ne travaille pas ? Parce qu'on ne le désire pas ? Parce qu'alors les autres aussi le percevraient ? Parce que ça m'obligerait à être une personne convenable ? Parce que je me sentirais plus libre ? Parce que je ne veux pas accepter de revenu venant d'un étranger ? Parce que je veux m'assurer moi-même mon revenu ? Parce que je ne veux pas que d'autres l'aient ?

Les conditions particulières du revenu de base inconditionnel pourront être négociées après que l'on se soit accordé sur sa création. Un revenu dont le montant garantirait un droit social, sans contrepartie et sans obligation de prouver son indigence.

Sommes-nous, oui ou non, une famille ?

La famille représente l'État-providence de l'autosuffisance. Là où chacun entretient son domaine agricole et apporte au marché le surplus de la récolte, on produit et on consomme selon les règles de la famille. Le mariage, en tant qu'institution familiale, garantit la pérennité de cette communauté autosuffisante, et ses membres pourront mieux affronter les aléas de l'existence.

Cette ancienne communauté autosuffisante est devenue aujourd'hui une communauté de besoins. Mais même une communauté de travail, où le travailleur est rémunéré et peut aussi pourvoir aux besoins des membres de sa famille, continue à être considérée comme une entité sociale qui engage à une solidarité réciproque, avant que la commune, le canton ou la confédération ne soit invités à mettre la main au portemonnaie.

Au temps de l'individualisme et de la globalisation, il est absurde que la famille continue à être obligée de remplir cette fonction économique qui, jadis, était la sienne. Cela conduit tout droit à l'obliger, par le fait à rester aujourd'hui responsable du bon fonctionnement de cette communauté solidaire, à refuser de s'ouvrir à la modernité.

Ni l'individualisme qui ne fait plus référence à la famille, ni la globalisation qui n'est rien d'autre que l'expression de nombreuses relations commerciales mondiales, ne permettent, de nos jours, de considérer la famille comme une communauté adaptée.

L'individu n'est plus lié à sa famille, mais à tous les humains, sur la planète entière. Il est placé dans le monde en tant qu'individu et non plus seulement en tant «qu'enfant de» qui, depuis des siècles, réduisait les êtres à leur appartenance familiale.[64]

Alors qu'à notre époque, on prend l'individu comme référence, en économie, la référence est l'humanité entière, et sur le plan politique c'est la nation. Elle devient pour la première fois un État social à la fin du XIXe siècle, sous l'autorité du premier chancelier de l'Empire, Otto von Bismarck. Il assista les ouvriers lorsqu'ils étaient incapables d'assurer la subsistance à leurs familles.

Tandis qu'à l'ère bismarckienne, le soutien à la famille correspondait à une situation d'urgence, le soutien devrait être de nos jours inconditionnel. N'est-il donc pas anachronique qu'il existe encore un devoir d'assistance des parents pour leurs enfants et plus tard des enfants pour leurs parents? Au lieu de les rendre indépendants, ces obligations contribuent à l'exploitation de la famille. Cela conduit à une «consanguinité» économique qui empêche d'être autonome.

Dans le journal *Berliner Zeitung*, le journaliste Arno Widmann note: «Du fait que la famille ne représente plus grand-chose, le législateur devra définir de manière nouvelle le partage des missions entre individu, famille, communauté et État. Plus une communauté privilégiera l'individu, plus le rôle des institutions intermédiaires sera faible et — j'ai peine à le dire, mais c'est l'amère vérité — plus le citoyen se rapprochera de l'État. Cela pose de manière plus pressante la question d'une allocation pour chacun, d'un revenu de base inconditionnel.»[65]

Que cette vérité soit amère ou non, cela reste à voir. Dans tous les cas, le revenu de base inconditionnel offre l'occasion de soutenir l'individu et de décharger la famille de cette mission, et c'est très important, car tous les problèmes démographiques, des allocations de naissance jusqu'aux aides pour les soins aux personnes âgées, ne se résoudront plus au niveau de la famille. Celle-ci ne sera plus une institution économique, elle ne devra donc plus être une caricature de cette institution qui, jadis, devait subvenir seule à son existence, chaque famille repliée sur elle-même.

Dans une économie de marché global, l'État individualiste ne se compose plus de familles mais d'individus. De nos jours, ce n'est plus la cellule familiale qui détermine les orientations, mais chaque individu. C'est lui qui est la mesure de toute chose. Le revenu de base inconditionnel est un investissement pour chaque individu. Il constitue le capital de départ pour l'avenir de chacun.

Une émancipation pour tous

S'émanciper signifie se libérer de la tutelle parentale. L'État social actuel repose encore sur le principe de l'assistanat : ceux qui ne peuvent pas subvenir à leur existence seront pris en charge après avoir prouvé leur situation de dénuement. Le revenu de base inconditionnel mettra un terme à cela : le dénuement ne devra plus être prouvé, et pour cause, car lorsqu'on se présente comme démuni, il faut inévitablement se soumettre, et voilà qu'on devient quémandeur, qu'on perd sa souveraineté. C'est de la mendicité.

Pourquoi les mendiants s'assoient-ils par terre ? Parce qu'on ne peut pas mendier en regardant en face celui qui vous fait l'aumône. Dans cette position debout, le dénuement ne serait pas crédible. Celui qui s'adresse à quelqu'un face à face ne mendie pas, il négocie. Le mendiant profite de sa position basse pour demander la charité. Voilà pourquoi le revenu de base inconditionnel déplaît aux mécènes. Le revenu de base inconditionnel met fin à cette culture de charité. Une culture bâtie sur la «compassion». On ne peut éprouver de la compassion pour quelqu'un qui va bien.

Il ne faut pas sous-estimer le lien social qui met en scène d'un côté les nécessiteux et de l'autre les donateurs. Celui qui distribue possède du pouvoir, celui qui reçoit se sent obligé. Le revenu de base inconditionnel remédie à tout ça: je n'ai plus besoin de remercier et d'obéir, je suis souverain. Je ne perçois pas ce revenu suite à un besoin, je le perçois parce que je suis un être humain. C'est moi qui constitue la base de ce revenu et non mon dénuement. Nous nous consentons mutuellement la permission de vivre, sans conditions. C'est de l'émancipation au plus haut niveau et non celui d'en haut qui donnent à ceux d'en bas. Chacun reçoit de chacun. Le revenu de base inconditionnel remet en équilibre les deux plateaux de la balance. Évidemment, on pourrait penser que nous allons tous dépendre de l'État, mais la vérité c'est que le revenu de base inconditionnel nous émancipe de l'assistanat étatique. L'État pourrait cesser son activité tutélaire et enfin abandonner ses missions d'encadrement et de contrôle. Le revenu de base inconditionnel engage l'État à s'occuper de prévention (socialisme) et non à prescrire (libéralisme). Le revenu de base inconditionnel nous permet de nous émanciper de l'État-providence et de développer fraternellement des valeurs spirituelles.

La prestation sous forme de prestation sociale

La subsidiarité est un principe de liberté. Le pharaon qui, de par son intuition divine, est chargé de dire au peuple ce qu'il convient de faire, n'éprouve pas beaucoup de sympathie pour ce principe, au contraire : la pyramide du pouvoir, où un seul se tient au sommet et beaucoup se retrouvent à la base, s'appuie sur le fait que ceux-là exécutent les ordres du premier, leur responsabilité ne repose pas sur eux-mêmes mais consiste à obéir. Le particulier n'existe pas encore en tant que personne bénéficiant d'un droit individuel, il est loin d'avoir conquis le droit d'affronter ses propres problèmes et de les résoudre.

Seul un État qui, en tant qu'entité juridique, renonce à tout absolutisme, pourra donner à l'individu, l'espace libre lui permettant de se déterminer lui-même. Dans ce sens, le fait que l'assistance ne puisse sans raison être dictée d'en haut, mais qu'elle soit soumise au choix de chaque citoyen, qu'elle soit acceptée par la communauté avant d'être octroyée, est une conquête des Lumières.

Seule l'aide justifiée est une aide réelle, non déterminée de l'extérieur. Seule l'aide approuvée est une aide réelle et non une tromperie de la société. Chacun a le droit et le devoir de résoudre ses problèmes, et s'il échoue ou si ce n'est pas seulement son propre problème, mais aussi celui d'autres, l'État pourra alors intervenir. C'est comme cela que le principe de subsidiarité devient un préalable et une pratique adaptée par les États fédéraux et les communautés d'États, et en même temps il est l'élément central de l'économie de marché.

Le revenu de base inconditionnel aura une conséquence fâcheuse sur celui qui en aura une approche égyptienne, car comme au temps des pharaons, tout ce qui est de bon augure vient d'en haut au lieu de venir d'en bas, de l'État-providence au lieu des citoyens adultes, de l'absolu abstrait au lieu du particulier concret. Le particulier qui se détermine lui-même, qui prend part aux résolutions concernant sa famille, son village, sa région, son pays et son continent, sera rabaissé par de l'argent qu'on lui imposerait. Cela ne constituerait pas seulement une forme de tutelle, mais représenterait en même temps du gaspillage.

Le souvenir nostalgique d'une autre subsidiarité persiste. Elle s'était appuyée sur un État autosuffisant et dépendant de circonstances politiques et économiques ne comptant plus sous les pharaons, mais qui prévalait encore jusqu'aux Lumières. Actuellement, tout cela est dépassé. L'économie est devenue mondiale, ainsi que la politique. Nous négocions et achetons dans le village planétaire. Le climat, comme la division du travail, n'a que faire de la subsidiarité. À présent l'individu et la communauté se regardent face à face. Comment alors dans cette situation, peuton unir liberté individuelle et exigences de la communauté ?

Le grand défi, à présent, c'est la liberté des autres. Je suis responsable de celle-ci. En assumant de manière juste cette mission, je libère les autres. Je prends soin d'eux afin qu'ils puissent prendre soin de moi. Cette idée renverse le principe classique de la subsidiarité. Il ne s'agit pas d'une aide à l'autosuffisance, ce n'est pas non plus la meilleure manière de résoudre les problèmes, c'est surtout une assistance à l'autre, une façon d'aider mes concitoyens à m'aider moi. Je ne suis plus actif pour mon compte mais pour d'autres, et ceux-là le sont pour moi. Voilà les vraies prestations sociales que nous produisons les uns pour les autres.

Le revenu de base inconditionnel n'est pas une prestation sociale, il permet la prestation d'aide, il autorise de travailler pour les autres. C'est ce que nous faisons constamment dans une société de division du travail, et ce que le revenu de base inconditionnel rend transparent. Le revenu de base inconditionnel dépasse aussi l'idée de la subsidiarité, qui provient d'une époque dans laquelle l'individu s'éveillait certes à lui-même, mais continuait de labourer lui-même son champ. C'était de son entière responsabilité. Actuellement, cette responsabilité intrinsèque est en même temps une responsabilité partagée. Le revenu de base inconditionnel me permet des prises en charges en pleine connaissance de cause. Je ne peux m'intéresser à l'autre que lorsque ma propre existence est assurée de manière certaine. Lorsque chacun bénéficiera d'un revenu de base inconditionnel, la subsidiarité aura atteint son vrai but : l'individu qui maintient la cohésion du monde moderne !

Qu'est ce qui est équitable ?

L'équité est une question de point de vue. On peut partager un gâteau de différentes façons, selon une équité numérique (chacun obtient une part égale), selon le besoin (conformément à la faim), selon une équité conforme à la prestation (conformément à la contribution pour la fabrication du gâteau), selon une équité écologique (chacun obtient la plus petite part possible du gâteau afin d'en garder un reste le plus longtemps possible) et selon une forme d'équité basée sur l'égocentrisme (chacun soustrait à l'autre le plus possible).

Ce qui est équitable, c'est de soupeser de manière cohérente les différents points de vue d'un problème et d'essayer de rendre justice à la chose elle-même et à l'individu dans sa singularité. Voilà la définition de l'éthique. Le philosophe du droit Gustav Radbruch écrit : « L'éthique recèle en elle une tension insurmontable : Son essence est l'égalité, sa forme est donc la communauté — et pourtant elle porte en elle une aspiration à rendre justice à l'individu dans sa singularité. »[66]

Le revenu de base inconditionnel est équitable parce qu'il est le même pour chacun, tout en permettant à tous d'être différents. Il crée une situation de départ égale pour tous, afin de permettre à chacun de se développer individuellement. La faculté de décider librement favorise l'équité.

On pourrait objecter qu'il n'est pas juste de recevoir de l'argent avant d'avoir fourni un travail. Cet argument n'est pas sérieux. Ce qui est juste, c'est de ne pas être obligé de travailler dans le but d'obtenir une rétribution. Ce salaire subséquent contient une méfiance latente, car il est injuste d'imputer à quelqu'un l'idée qu'en fin de compte, il ne voudrait pas travailler. Ce qui est correct, c'est que nul ne puisse exercer des menaces pour obliger quelqu'un à accomplir un travail qu'il ne veut pas faire.

Il serait donc totalement injuste que quelqu'un, sans aucune prestation en contrepartie, perçoive un salaire, n'est-ce pas? Non! Ce qui est injuste, c'est de ne pas voir le travail que nous faisons même bénévolement. Il est injuste de faire semblant que seul le travail rémunéré soit du travail. D'accord! Mais n'est-ce pas vraiment injuste que même les riches bénéficient d'un revenu de base inconditionnel? Non, c'est l'inverse qui serait injuste: qu'ils n'en obtinssent pas. Ce serait injuste de les exclure de la communauté en les bannissant dans la couche sociale supérieure; et il serait encore plus injuste que ceux qui ont un peu d'argent perçoivent un revenu de base inconditionnel uniquement parce qu'ils ont de faibles ressources car, là aussi, on les considérerait comme faisant partie d'une autre couche sociale, d'une couche inférieure. C'est injuste, car chaque être humain est humain, et le revenu de base inconditionnel s'adresse à l'Être humain et non pas aux pauvres, aux riches, ceux qui sont bêtes ou intelligents.

Celui qui ne risque rien devient téméraire

Qu'est-ce qui pourrait arriver de pire avec l'introduction d'un revenu de base inconditionnel? Le meilleur: la vérité! Il se pourrait que les autres aient une vision différente de l'avenir que moi, et que, brusquement, ils décident de changer de cap. Ce serait douloureux. Mais ce serait une bonne chose que tout cela soit enfin clair. Avec un revenu de base inconditionnel, rien de bien terrible ne se passerait, seulement ce qui serait le fruit de notre volonté. Tant que cela n'est pas ainsi, nous continuons à compter sur la plus grande compagnie d'assurance du monde, celle des fausses excuses aussi, bien ce que nous n'avions pas voulu mais qu'en fin de compte, nous avons tout de même fait, ou bien ce qu'apparemment, nous avons voulu et qu'en fin de compte, nous n'avions pas fait. Cela est tragique et cessera avec la mise en œuvre du revenu de base. Les fausses excuses disparaissent. Le revenu de base inconditionnel organise la liquidation des fausses excuses.

Les craintes sont grandes de ce qui pourrait survenir avec l'introduction d'un revenu de base inconditionnel : le contrat social serait dénoncé, l'économie s'effondrerait, plus personne ne travaillerait, nous mettrions en jeu notre niveau de vie, plus personne ne s'engagerait dans un stage de formation, chacun se retirerait chez lui. Voilà ce que nous pensons les uns des autres.

On ne peut s'assurer contre la vérité, elle s'assure elle-même. Il faut prendre ce risque, ou bien s'arranger tant bien que mal avec la contre-vérité. Si réellement tout le monde sauf moi voulait revenir à l'âge de pierre, le revenu de base inconditionnel le montrerait, et ce serait bien ainsi ! Car pourquoi devrait-on appeler « prospérité » ce que personne ne ressent comme tel ? Autrement dit : moins le nombre de ceux qui vivent selon leur volonté sera élevé, plus à la longue la vie en commun sera dangereuse. Celui qui ne mène pas son existence comme il l'entend, est une bombe à retardement.

Avec le revenu de base inconditionnel, il se pourrait que tout change, ou que tout ou presque tout reste en l'état, sauf qu'il y aurait un peu plus de liberté et d'autodétermination. Il se pourrait que la majorité de la population apprécie malgré tout le partage du travail, l'attention aux autres, le travail libre et l'équité, et qu'enfin ce revenu ne soit plus sous-estimé.

Le revenu de base inconditionnel amènera-t-il un réveil dur ou doux ? Cela s'exprimera au cours des conversations d'être humain à être humain. Seule une petite minorité veut revenir au Moyen-Âge, la majorité veut surmonter la structure médiévale dans laquelle nous nous entêtons à vivre, du moins pour ce qui concerne le rêve fantaisiste d'autosuffisance. Au Moyen-Âge, l'être humain était poussé, déterminé de l'extérieur par sa destinée vis-à-vis de laquelle il était impuissant. Cette soumission au destin lui conférait aussi sa dignité. La dignité des temps modernes consiste à réaliser soi-même sa propre destinée.

Que va-t-il se passer quand le revenu de base inconditionnel sera instauré?

Les raisons pour fuir sa patrie sont multiples. Certains fuient la faim, la guerre, d'autres fuient le mauvais climat ou les voisins désagréables. Quoi qu'il en soit, ce qui compte, c'est que le pays dans lequel on arrive, présente tout d'abord le caractère du lieu qu'on vient de quitter : étranger? étrange? inconnu?

Dans un monde globalisé, l'étranger, la patrie, disparaissent. À la manière des marchandises, les êtres humains circulent tout autour du globe, pas de manière aussi drastique, mais qui ne connaît un banlieusard, qui, chaque jour, parcourt un assez long trajet pour arriver à son lieu de travail, ou un collègue qui possède un deuxième logement près du siège central de la firme qui l'emploie, ou bien un entrepreneur qui ne se sent chez lui qu'en avion?

Les raisons qui incitent à chercher une nouvelle patrie sont aussi variées que les raisons de quitter l'ancienne. Parfois, c'est l'espoir de retrouver la paix et la sécurité, parfois c'est la recherche de la prospérité et de l'épanouissement personnel, ou encore l'attrait d'un paysage ou d'une culture. Le drame des migrants que nous vivons actuellement nous ébranle. Beaucoup d'êtres humains, qui, contre vents et marées, essayent d'escalader la forteresse européenne ne le font pas par envie de connaître des climats moins chauds ou des gens hostiles, ou bien parce qu'ils en avaient assez de leur culture. Ils le font pour la simple raison que dans leur contrée d'origine, il leur manquait la base existentielle vitale. Il s'agit d'une migration pour une assurance existentielle et non pour un épanouissement personnel.

L'existence de chaque être humain vaut la peine d'être vécue, voilà pourquoi il n'existe pas de meilleur instrument de politique du développement que le revenu de base inconditionnel. Pour beaucoup, c'est l'absence de revenu qui les empêche d'être actifs. Il y a assez de travail partout. Celui qui ne le croit pas, est aveugle ou cynique.

Si nous ne nous soucions pas du bien-être des autres, leur situation empirera, non seulement la leur mais aussi la nôtre. Il est tout à fait illusoire de penser que les frontières ou des barrages en fil de fer barbelé arriveront à couper les liens humains partout sur la terre. Nous sommes liés, et plus nous nous efforcerons de favoriser ces liens, moins les humains migreront pour assurer leur existence.

La crainte que l'immigration augmente avec le revenu de base inconditionnel est infondée. L'action de ce revenu est neutre sur la migration. Pour régler les problèmes migratoires, il y a les lois sur la migration. Le revenu de base inconditionnel n'aggravera ni n'allègera ces problèmes. La tentation de venir en Europe pour les prestations sociales existe déjà actuellement. Il ne s'agit donc pas du tout de ça. Le motif majeur de l'immigration est la menace existentielle dans la patrie d'origine.

Il est vrai que le revenu de base inconditionnel pourrait créer un mouvement d'aspiration, tel un article d'exportation à succès. Chaque pays ayant le souci d'avoir une société qui fonctionne et qui veut empêcher les migrations de ses sujets ne pourra, tôt ou tard, se passer du revenu de base inconditionnel. Celui qui a trouvé le but de son existence ne se demandera pas si, ailleurs, il serait mieux rémunéré, mais se réjouira de l'avoir trouvé!

Le revenu de base inconditionnel permet de détecter les besoins les plus manifestes et d'aider l'autre à les combler. Ne pas vouloir vivre une vie meilleure est absurde. Ne pas faire quelque chose de bien parce qu'en même temps ça aiderait les autres est vraiment inimaginable. Si une communauté décidait de ne pas s'améliorer pour empêcher d'autres de le faire, elle ferait obstacle au développement de l'humanité. Refuser le progrès pour l'interdire aux autres est particulièrement rétrograde.

Les bonnes idées développent leur propre dynamique. Tout d'abord tout le monde voudra y participer, ensuite chacun voudra encore l'améliorer. Peut-être qu'au départ tout le monde voudra venir en Suisse. C'est impossible. Ce revenu devra donc être introduit partout. Il est possible que le prochain produit d'exportation ne soit pas le fromage ou le chocolat mais une idée : celle du revenu de base inconditionnel.

Le temps est venu pour le revenu de base inconditionnel. Pourquoi pas en Suisse ?

Le revenu de base inconditionnel en guise de propriété foncière

Pour beaucoup, le revenu de base inconditionnel semble être une idée tout à fait gentille, mais complètement folle : chacun, indépendamment de son salaire, serait censé percevoir un revenu qui lui serait dû en tant que citoyen, tout simplement parce qu'il est citoyen. Sans condition. Les uns affirment que ce n'est pas finançable, les autres disent que c'est injuste. Les uns prétendent que cela diminuera la motivation au travail, les autres que ça subventionnera les salaires. C'est du capitalisme, s'écrient les uns, et les autres craignent que ce soit du socialisme.

Quel est au fond la genèse de cette idée? L'État social bismarckien ne fonctionne durablement, que lorsque les formes traditionnelles familiales, une espérance de vie moindre et un emploi régulier sont la règle. Lorsqu'ils sont l'exception et que le travail, le partenaire et le lieu d'habitation changent plus souvent, lorsque les phases de travail et de repos se suivent irrégulièrement, lorsque les marchés créent toujours plus de prospérité matérielle, il ne s'agit pas d'assurer l'emploi, mais de le rendre possible. Il ne s'agit pas de partager l'aumône, mais de susciter des chances. C'est ce qu'accomplit le revenu de base inconditionnel.

Déjà dès le XVIᵉ siècle, Thomas More exigeait, pour lutter contre la criminalité, de remplacer la peine de mort par un revenu garanti. Au XVIIIᵉ siècle, Thomas Paine voulait indemniser chaque citoyen pour son droit naturel à posséder un lopin de terre, avec une rétribution forfaitaire, et au XIXᵉ siècle, John Stuart Mill proposa d'allouer à chacun une assistance de base afin qu'il puisse plus facilement développer ses talents.

Si l'on ne considère pas le revenu de base inconditionnel en tant que prestation sociale, mais comme un droit de base, alors ce sont avant tout les idées de Thomas Paine, contenues dans son ouvrage *Justice agraire* (1797), qui sont particulièrement instructives. Comme il n'est pas possible de mettre à disposition de chacun, dès sa naissance, un lopin de terre qui lui reviendrait naturellement, et ceci à cause de la propriété privée, il faut un revenu de base qui fasse office de dédommagement et qui concernera chacun «riche ou pauvre» car «toutes les personnes possèdent pareillement le droit de propriété d'un morceau de terre, même s'il possède une fortune personnelle, obtenue par son travail, par son héritage ou d'une toute autre façon».[67]

Ce qui était pertinent à l'époque de Paine, l'est d'autant plus actuellement: un lopin de terre ne rend service à personne, puisque nous avons dépassé depuis longtemps l'époque de l'autosuffisance agraire. Vu sous cet angle, le revenu de base inconditionnel constitue une propriété foncière conférant une base, au XXIe siècle, pour entreprendre son existence.

Le revenu existentiel n'est pas une «expérience-réalité» de nature socialiste, ni un purgatoire néolibéral sur terre, mais une troisième voie : il est plus socialiste que n'importe quel socialisme, puisqu'il garantit à chacun une allocation minimale indépendamment de ses prestations et efforts et de toute obligation de travail, sans pour autant renoncer à une prestation de l'économie de marché ou à développer ses propres qualités d'innovation et en s'appuyant sur son expérience.

Le revenu de base inconditionnel est parallèlement plus capitaliste que n'importe quel capitalisme, puisqu'il pourvoit chacun d'une somme forfaitaire garantie pour sa consommation, qui pourra stimuler une libre concurrence au sein du marché.

Le revenu de base inconditionnel revendique un changement de système au plus haut niveau. Il rompt avec la rhétorique qui consiste à tantôt soutenir, tantôt exiger, à assurer la sécurité de l'emploi, à aiguillonner les chômeurs. Il veut servir les intérêts des citoyens sans les obliger à quoi que ce soit. Il délègue à chacun le droit à l'initiative, et à tous une économie sociale de marché. Il rend libre tout en fournissant une garantie, voilà la mission la plus noble d'aujourd'hui.

Qui va payer tout cela ?

Qui devra financer le revenu de base inconditionnel ? Voilà la meilleure des mauvaises questions. Le revenu de base inconditionnel ne nécessite pas d'être financé, il nécessite d'être compris. L'aspect monétaire ressemble à des opérations dont les résultats s'annulent. Ce n'est pas un complément de salaire, c'est un revenu de base. Il n'a pas pour but de faire grossir le compte en banque, mais de disposer de l'argent autrement. Le revenu de base inconditionnel, c'est ce qui est nouveau sur le compte en banque. Par contre, en règle générale, les autres revenus vont baisser à la hauteur de la valeur du revenu de base inconditionnel. Dans ce cas, le niveau du compte ne varie pas.

Le revenu de base inconditionnel sert de base aux autres revenus. Son inconditionnalité ne coûte rien, mais rassure. Celui qui comprend ça n'est pas fâché avec les chiffres mais avec les polémiques comme : quel serait l'effet du revenu de base inconditionnel ? Pour moi ? Pour mon voisin ? Au travail ? À l'école ? En politique ?

Nous connaissons les revenus qui dépendent de diverses conditions. Nous disposons tous d'un revenu soumis à conditions : rémunérations, ventes, allocations diverses, prestations sociales, assurances privées. Il est impossible, actuellement, de vivre sans revenus. Les aides sociales sont versées, grâce aux impôts et aux prélèvements obligatoires. Leur attribution est liée à l'âge, au chômage ou à la maladie.

Le revenu de base inconditionnel n'est pas un avantage réservé aux citoyens dans le besoin. Ce n'est pas une prestation sociale, ni une aumône, ni un salaire. Il ne s'agit pas d'une distribution de bons d'achats, il n'a pas pour objectif une économie de troc. Il est basé sur la prise de conscience que chacun, actuellement, a besoin d'un revenu de base. Il pose la question : est ce qu'il ne serait pas raisonnable, à l'avenir, d'assurer l'existence de chacun sans conditions ?

Si nous décidons de garantir une assurance existentielle inconditionnelle, la question de son financement se posera. Cette question n'occupe pas l'actuelle initiative populaire, et pourtant plusieurs modèles sont déjà sujet de discussion et plusieurs formes d'impôts sont comparées.

Les uns prônent un impôt sur la fortune, d'autres trouvent que la TVA serait toute désignée, d'autres encore voient une solution dans l'imposition des transactions financières. Tous en commun ont comme préalable le fait que la création d'un revenu de base inconditionnel soit décidée.[68]

Il n'est pas étonnant de voir circuler différents chiffres. Chacun a de nombreux arguments pour certifier ou réfuter les modèles de financement. Ce n'est pas une mauvaise chose, mais souvent, cela sème plus de confusion que cela n'éclaire. Car celui qui veut prouver la justesse de son modèle, le fait sans hésiter avec des suppositions semblant logiques et allant de soi, ou opposées à d'autres qui sont totalement absurdes ou irréelles. La question du financement est aussi utilisée pour camoufler objectivement une désapprobation subjective. Celui qui ne veut pas du revenu de base inconditionnel préfère dire qu'il est non finançable pour cacher sa défiance. La perspective d'être exposé à une pseudo-question, qui ne questionne rien du tout, ne touche pas seulement le revenu de base inconditionnel. La question du financement, à une époque qui donne la préférence aux chiffres plutôt qu'aux mots, est la manœuvre d'évitement servant toutes les aversions. Celui qui atteste qu'une chose n'est pas finançable, le fait le plus souvent dans la certitude de se servir d'un argument imparable rendant superflue toute autre discussion. Ce faisant il nie l'idée essentielle du théologien Oswald von Nell-Breuning: «Tout ce qui peut se réaliser au niveau de l'économie du marché est finançable, à la seule condition qu'on le veuille honnêtement et sérieusement.»[69]

La vraie question du financement du revenu de base inconditionnel est en fait celle des effets de l'inconditionnalité: quelles seront les conséquences du revenu de base inconditionnel pour le développement économique et social? Aura-t-il une action paralysante ou dynamisante? Entravera-t-il ou libérera-t-il? Nous permettra-t-il d'être davantage motivés et de mieux percevoir ce qu'il conviendrait de faire? Ou bien cesserons nous de travailler et de nous engager?

Ce sont des questions auxquelles nous seuls pourrons apporter des réponses, et non pas les modèles de financement. Voilà comment le journaliste économiste Wolf Lotter résume cette problématique : « Le financement est garanti. L'exercice qui est difficile, c'est la liberté. »[70]

La redistribution du pouvoir

Qui donc possède le pouvoir ? Celui qui réalise quelque chose ? Oui, lorsqu'il réalise ce qu'il veut développer. Celui qui accomplit ce qu'il veut réaliser, possède un réel pouvoir. Celui qui est obligé de faire ce qu'il ne veut pas faire est impuissant. Le pouvoir est l'expression d'un savoir-faire, de capacités. L'impuissance c'est ne pas être capable de pouvoir.

Ceux qui ont de l'argent, ont-ils le pouvoir ? Oui, parce qu'ils peuvent réaliser ce qu'ils veulent et ne sont pas obligés de faire ce que d'autres demandent. Celui qui a de l'argent peut en outre déterminer ce que feront les autres. Ce que lui ne veut pas faire, il peut le faire faire par les autres en les payant, sauf si eux-mêmes ont de l'argent. Alors l'argent perd de sa force déterminante. Lorsque tout le monde a de l'argent, personne n'est plus obligé de faire ce qu'il ne veut pas faire.

Ce n'est pas seulement l'argent qui donne le pouvoir, mais aussi le savoir. La connaissance, c'est le pouvoir. C'est celui des médias. Ils ne peuvent pas nous obliger de nous intéresser à eux, mais lorsque nous le faisons, ils nous influencent.

En quoi le revenu de base inconditionnel change-t-il mes rapports de pouvoir ? Il supprime l'angoisse existentielle, la peur du lendemain qui paralyse. Celui qui vit dans la peur du lendemain devient plus facilement manipulable que celui qui n'a pas à se soucier de sa survie. Celui dont l'existence est assurée, est incomparablement plus libre que celui dont l'existence est constamment incertaine.

L'acte accompli sous la contrainte amoindrit la responsabilité. Il est plus difficile de demander des comptes à quelqu'un qui est obligé d'exécuter un travail qu'il ne veut pas faire, qu'à quelqu'un qui le fait volontairement. La volonté libre suscite la responsabilité. Face à un travail forcé, celui qui a créé cette situation est coresponsable.

Selon Max Weber, le pouvoir consiste à imposer sa volonté à autrui.[71] Ce n'est pas du pouvoir, mais de la violence, rétorque Hannah Arendt.[72] Pouvoir et violence sont antagonistes. Celui qui n'a pas de pouvoir est acculé à la violence. Elle est générée de l'extérieur. Le pouvoir permet l'autodétermination. Il enthousiasme, il rend possible, il permet la participation. À l'avenir, celui qui aura le pouvoir sera celui qui saura faire ce que les machines ne peuvent pas faire. Avoir du pouvoir, c'est penser soi-même, c'est décider librement, ce n'est ne pas être soumis à un devoir. Le revenu de base inconditionnel rétablit la confiance en soi et le pouvoir est rendu à chaque citoyen.

Inter

Interlède II

Ceux qui sont pour

Intermède II

Ceux qui sont pour

Un acte de libération

«Abstraction faite de la production de biens, la mission de l'économie consiste à libérer les êtres humains du travail. [...] Nous vivons en pleine situation paradisiaque. Le problème, c'est comment permettre à tous d'avoir accès aux biens créés par la société. [...] Nous n'avons pas besoin d'un droit au travail, mais d'un droit à un revenu, un revenu de base, inconditionnel. [...] Les entrepre-neurs perdront une part de leur pouvoir, les syndicats, les politiciens verront également diminuer une part de leur pouvoir et de leur influence, mais chaque citoyen sortira vainqueur, plus digne, confiant et véritablement libre.»[73]

– Götz W. Werner, entrepreneur

Une protection de la démocratie

«Dans un monde où le travail rémunéré ne fait que diminuer, le revenu de base inconditionnel est, de toute façon, l'une des idées les plus urgentes. Le chômage augmentera, et depuis belle lurette il n'est plus certain que chacun aura droit à du travail en continu, mais ce qui est sûr, c'est que l'être humain continuera à manger! Le revenu de base inconditionnel évitera qu'un être humain soit réduit à l'angoisse existentielle et tombe dans la désespérance. Vu sous cet angle, un revenu de base inconditionnel bien ordonné contribuera à défendre la démocratie, le contrat social, et pour tout dire, toute notre civilisation. »[74]

— *Jean Ziegler, politicien*

Un droit civique d'actualité

«Voulons-nous contraindre chaque citoyen à la compétitivité? Ou bien voulons nous l'alternative de base: Une société civilisée, hautement développée, avec des droits conformes aux temps modernes qui comportent aussi des droits socio-économiques? [...] Lorsque chacun bénéficiera d'un revenu de base inconditionnel, plus personne ne sera stigmatisé. Profiter d'un droit civique général représente tout autre chose que de faire partie des ratés, dépendants de l'aide sociale. »[75]

— *Peter Ulrich, économiste*

La paresse n'est pas profitable

«Avec un revenu de base inconditionnel, la société ne serait pas la proie d'une flambée de paresse générale: grâce à ce revenu inconditionnel, nous ne serions plus condamnés à gagner un maximum d'argent, et nous pourrions nous offrir par exemple un stage en entreprise avec une modeste indemnité. [...] Depuis cinq ans je profite de la liberté de faire ce qui me plaît. [...] Cette nouvelle liberté fut pour moi une expérience radicale. Il me semble que tous ressentiraient les mêmes sentiments en recevant le revenu de base inconditionnel. [...] Nous aurions un monde équitable, avec moins de chômeurs, avec plus de personnes qui pourraient accomplir ce qu'elles ont véritablement envie de faire. »[76]

— *Oswald Sigg, politicien*

Le plein emploi est rétrograde

« Je considère le revenu de base inconditionnel comme une suite nécessaire du développement économique de notre temps. C'est la conséquence de la création de machines que nous construisons pour nous décharger de travaux lourds et monotones. Il y aura toujours moins de postes de travail obligeant les gens à trimer. C'est bien ainsi. Vouloir alors aller vers le plein emploi me paraît rétro-grade. Cela ne fait que pousser toujours plus de gens à exercer un travail intérimaire, un emploi précaire ou à mi-temps ou à inventer des mesures pour occuper les chômeurs. »[77]
— *Marina Weisband, politicienne*

La transparence est bonne pour les affaires

« Il me semble qu'il faut juger le revenu de base inconditionnel à l'aune du système actuel qui est démesurément compliqué. [...] Ce système est intenable et l'initiative du revenu de base inconditionnel nous oblige à poser les vraies questions, c'est à dire comment le simplifier. [...] Avec le revenu de base inconditionnel, ce qui est décisif, c'est qu'il apporte la transparence et la simplicité, ce qui nous permet de pratiquer une démocratie directe. [...] La problématique autour de l'incitation au travail est hypertrophiée, disproportionnée. C'est un argument mortifère qu'il vaut mieux ignorer. »[78]
— *Klaus W. Wellershoff, économiste*

L'immolation de la vache sacrée

« L'initiative pour le revenu de base inconditionnel immole notre vache la plus sacrée en s'attaquant au principe : ‹ Celui qui ne travaille pas, ne devra pas non plus manger ! ›. C'est à peine croyable ! L'initiative soulève des questions concernant le sens et le non-sens du travail, l'exploitation et le droit à la vie. Elle demande ce que le devoir signifie et si le travail domestique, s'occuper des enfants,

soigner les personnes âgées, les handicapes et les fleurs ne devrait pas être rémunéré. Elle interroge l'appareil social gonflé de suffisance et le capitalisme. [...] La Suisse débat, c'est bien!»[79]
— *Linard Bardill, compositeur*

Du temps pour des affaires importantes

«La plupart des gens, même mal payés pour leur travail, ont plaisir à contribuer à la prospérité de tous. Notre monde du travail est cependant fortement tourné vers l'argent. Chaque minute est comptée. Cela se remarque dans la profession hospitalière. Prendre du temps pour les patients n'est plus au programme. Le revenu de base inconditionnel aurait comme effet de nous permettre de nous poser la question sur le sens du travail avec moins d'angoisse existentielle. Les êtres humains pourraient prendre du temps pour les choses importantes de la vie. Pour y parvenir, le chemin sera long et nous devrons apprendre à nous interroger d'une nouvelle manière sur la signification du travail.»[80]
— *Judith Giovannelli-Blocher, écrivaine*

Le social, c'est ce qui crée un espace de liberté

«La création pour tous d'un revenu de base inconditionnel aura comme conséquence que le travail ne sera plus lié à la sécurité existentielle [...], mais elle apportera quelque chose de plus essentiel : elle modifiera le sens même du travail et pour celui qui l'exerce elle contribuera à accroître la qualité de vie, pour lui et pour les autres. Le social ne sera plus ce qui crée du travail, mais ce qui crée un espace de liberté pour rendre possible l'accomplissement de ce que nous tenons pour nécessaire et juste.»[81]
— *Ralph Boes, activiste*

Les mesures coercitives disparaitront

«Je considère les sanctions exercées par les ‹jobcenter› comme erronées et incompatibles avec la dignité humaine. Cette possibilité d'exercer des mesures punitives avec le système répressif qui lui est lié est une des erreurs des lois Harz IV. C'est pourquoi, depuis longtemps, je m'investis pour leur abolition. [...] Depuis plusieurs années, je milite pour une introduction à moyen terme d'un revenu de base inconditionnel, déjà pour la raison que, contrairement à la réglementation Harz IV, les procédés coercitifs disparaitront.»[82]

– *Hans-Christian Ströbele, politicien*

La fin de l'angoisse existentielle

«Pour moi trois choses sont essentielles: tout d'abord le fait qu'avec le revenu de base inconditionnel on pourra éradiquer l'angoisse existentielle de la société. [...] Une autre conséquence sera la création d'une impulsion radicale vers plus de démocratie: je considère le revenu de base inconditionnel comme nécessaire à la démocratie. La troisième raison est que je vois réellement dans le revenu de base inconditionnel un projet de transformation. Il est vrai qu'il n'offre pas de garantie pour surmonter le capitalisme, mais au moins il sera plus facile de lutter pour plus de démocratie.»[83]

– *Katja Kipping, politicienne*

L'économie de marché deviendrait philanthrope

«Le revenu de base inconditionnel confère de la sécurité, cautionne la participation et rend possible l'initiative. Je suis d'avis que la liberté individuelle deviendra perceptible, et là où elle était interdite, elle deviendra possible. Chaque être humain possédera une base économique stable et pourra organiser librement son existence. Le revenu de base inconditionnel rendra notre économie de marché sociale. Celui qui voudra travailler beaucoup pourra le faire, celui qui voudra s'enrichir pourra le faire également, tout en restant sur un socle qui conférera à chacun, de manière égale, sa liberté. »[84]

— *Susanne Wiest, activiste*

La bureaucratie deviendra inutile

« Il devrait être facile de convaincre les critiques sincères de la bureaucratie et de la gestion de l'État, des avantages d'un revenu de base inconditionnel. Il rendrait inutile le contrôle officiel pour savoir si une personne est réellement démunie, si elle est à même d'occuper un emploi, si sa condition de vie domestique lui donne droit à des allocations, ou bien si elle est blessée dans son autonomie et sa dignité. [...] La conséquence serait que sur le marché du travail, le noyau de toute liberté, c'est à dire le pouvoir de dire ‹ non › serait mis en valeur, tout en évitant de faire disparaître les stimulations matérielles [...] y compris les chances qu'offre la vie active de dire ‹ oui ›. »[85]

— *Claus Offe, sociologue*

Une pensée sociale globale

« Un revenu de base inconditionnel est une prestation de base fiable. Dans leurs négociations, c'est une assurance pour les employeurs comme pour les employés. Ce faisant, la société ne dépendra plus de l'État mais deviendra une véritable communauté. L'idée de garantie du revenu de base inconditionnel est à même d'être raccordée à des idéaux libéraux, conservateurs ou socialistes. Il convient donc à un monde globalisé, dans lequel l'État social bismarckien apparaît comme un anachronisme. »[86]

— *Michael Opielka, sociologue*

Un gain en rationalité

« La société ne devra pas renoncer aux innovations techniques et aux avancées sociales, ce qui obligera à être plus rationnel. Actuellement, les entreprises sont dans l'incapacité de distribuer de manière équitable les gains liés à la mécanisation. Le résultat, c'est le chômage pour les uns, la réduction du temps de travail, l'exploitation et l'épuisement pour les autres. L'ouvrier ne sera pas plus paresseux avec le revenu de base inconditionnel qu'avec un travail rémunéré qui le contraint à l'assiduité, car l'être humain est un être qui a besoin d'activité. »[87]
— *Theo Wehner, psychologue*

Une révolution socio-politique

« L'économie de marché mise sur les épargnants et sur leur disposition à prendre des risques. L'argent citoyen solidaire renforcera cette disposition en la considérant aussi comme une chance. Puisqu'on ne peut recevoir une somme inférieure au revenu existentiel, on sera plus facilement prêt à prendre des risques. Ce qui motive, ce n'est pas la contrainte ou le contrôle, mais la confiance et l'incitation à la créativité. L'argent citoyen n'est pas un lit de paresse, mais un tremplin. [...] Nous aurons besoin de courage pour opérer une révolution socio-politique. »[88]
— *Dieter Althaus, politicien*

Prévenir au lieu de guérir

« Une politique sociale qui tienne compte des nouvelles réalités de l'existence ne peut se contenter de venir en aide aux personnes qui sont dans le besoin, elle doit empêcher que les gens ne tombent dans le besoin, donc prévenir au lieu de guérir, rendre possible l'activité au lieu de garantir l'activité, promouvoir au lieu de garder sous tutelle. Pour tout dire : ouvrir des chances au lieu de faire l'aumône. Le revenu de base inconditionnel est orienté vers l'avenir.

Il prend garde à ce que tous [...] puissent bénéficier d'une politique de revenus qui soient à la hauteur du minimum social existentiel et attribué sans conditions, sans contrepartie, sans dossier de demande et donc sans l'emprise de la bureaucratie : un transfert d'argent à tous, par les pouvoirs publics. »[89]
– *Thomas Straubhaar, économiste*

Permettre de marcher la tête haute

« Peut-être devrons-nous, en tant que syndicat, remettre en cause nos idées sur le plein emploi. Peut-être devrons-nous dire : ‹ Le plein emploi ne signifie pas que chacun dispose d'une activité rémunérée, le plein emploi veut que chacun dans ce monde puisse vivre comme il souhaiterait le faire [...]. › Un revenu de base inconditionnel rendrait aussi possible que les personnes qui, pendant un certain temps, ont besoin d'aide et de soutien, ne soient pas obligées de se trainer sur les genoux [...], mais puissent continuer d'avancer en marchant la tête haute sur le chemin de l'avenir. »[90]
– *Kurt Regotz, syndicaliste*

Mieux que n'importe quel parti

« Nous tous savons que nous avons besoin d'une restructuration de notre société et d'un découpage du secteur social des cotisations salariales. Nous réfléchissons tous sur le revenu de base inconditionnel et l'argent citoyen, mais aucun parti n'a le courage de le proposer. [...] Nous savons que de plus en plus de personnes perçoivent des aides sociales et que de moins en moins de cotisations sont versées. Une réorganisation de l'ensemble du système est donc inévitable. Néanmoins personne ne prend ce thème à bras le corps, et l'on préfère procéder à des exercices de chirurgie esthétique sur un patient atteint de cancer. »[91]
– *Richard David Precht, écrivain*

Au-delà de la sanction et de la subvention

« Ni le radicalisme du marché qui voit en l'être humain un être qui nécessite la coercition, ni la prise en charge par un État bienveillant qui considère l'emploi subventionné comme une panacée, ne veulent permettre au citoyen d'accéder à l'autodétermination. Ce qui se présente actuellement comme ‹ conseil › (une politique sociale volontariste), et qui menace parallèlement de sanction, montre le désarroi face à l'échec de toutes les méthodes utilisées à ce jour. [...] Notre communauté ne saura survivre que si nous devenons des citoyens libres, libres de décider. C'est ça qui fonde les bases de notre démocratie. Le revenu de base inconditionnel permettrait de continuer dans cette voie. »[92]
— *Sascha Liebermann, sociologue*

Une question de dignité

« L'État social a été déséquilibré, il faut le remettre d'aplomb. Le temps du revenu de base inconditionnel est arrivé. 800 euros pour chacun. Et que personne ne me ramène l'idée du rendement, un reliquat du passé, ou bien avec le prétexte que le revenu de base inconditionnel serait déloyal face à ceux qui travaillent rudement pour leur salaire. Le rendement et l'honnêteté ne sont plus, justement, les principes marquants de notre système. Il n'y a plus aucune relation entre mérite et performance et, dans ce système, l'honnêteté constitue un hasard. Le capitalisme a jeté ces valeurs par-dessus bord. Le revenu de base inconditionnel redonnerait leur dignité aux êtres humains. »[93]
— *Jakob Augstein, journaliste*

Le volontariat a plus de valeur

« Lorsqu'on laisse les individus être seuls juges pour ce qu'ils veulent apporter à la communauté, la plupart du temps ils accomplissent

quelque chose qui a plus de valeur que si on les y forçait. Fondamentalement, les êtres humains ne veulent pas être des parasites, sauf quelques rares exceptions, mais qui ne pourraient pas causer de grands dégâts. L'exemple de la prison me parle. Même dans les centres de haute protection, les occupants sont relativement bien traités. On leur offre la nourriture et le gîte, leurs besoins de base sont assurés. Leur punition consiste à leur interdire de travailler. Il est normal que chacun veuille travailler et faire quelque chose de sa vie.»[94]
– *David Graeber, ethnologue*

Un soulagement pour l'État

«Personnellement, je suis un grand supporter du revenu de base inconditionnel garanti pour tous en tant que concept global capable d'être indépendant de l'idée de travail. [...] Je ne pense pas qu'il existe de modèle équivalent. [...] Lorsque nous aurons un revenu de base inconditionnel garanti, nous pourrons à nouveau résoudre en privé beaucoup de choses qui, pour le moment, restent à la charge de l'État. Dans le domaine de l'enseignement, du logement. [...] Cela conduirait à plus de flexibilité, plus de commerce et plus de marché, que les solutions utilisées actuellement.»[95]
– *Albert Wenger, investisseur*

Humanisation du travail

«Que ce soit la ‹sharing economy›, l'économie de partage, ou la ‹on-demand economy›, l'économie à la demande, l'ordre économique qui se prépare ne pourra fonctionner que s'il s'appuie sur un revenu de base inconditionnel. Cela veut dire que chaque être humain, qu'il soit homme ou femme, enfant ou retraité, recevra automatiquement un revenu lui permettant une existence humaine digne. Sous ce rapport, le revenu de base inconditionnel

n'est pas une illusion de quelques romantiques ingénus, mais la condition pour un nouveau monde du travail, un monde du travail dans lequel, grâce aux robots et à l'intelligence artificielle, les êtres humains pourront œuvrer plus humainement, mais seulement s'ils bénéficient d'un revenu garanti. »[96]
— *Philipp Löpfe, journaliste*

D'être humain à être humain

« La question du revenu de base inconditionnel consiste à me demander si j'accepte de considérer chacun comme un être à part entière. Chaque personne. Suis-je en mesure de le percevoir ? Si c'est non, alors c'est clair. L'éthique, la morale et tout le reste, sont sans objet, ils ne peuvent être qu'une valeur de marchandage. C'est aussi ce qui se passe actuellement. Le revenu de base inconditionnel ne fait que révéler cette situation. Il n'est pas un redresseur de tort. Il n'est pas non plus dépositaire d'une image particulière de l'être humain. Il n'a que cette fonction : respecter autrui et reconnaître l'autre. »[97]
— *Enno Schmidt, peintre*

Le monde s'arrondira

« Le monde plat a besoin d'une nouvelle rondeur. L'aspect décisif du revenu de base inconditionnel, c'est qu'il donne une nouvelle forme au monde. Il n'est pas la réponse à toutes les questions, mais il est une technique pour se concentrer sur des questions plus importantes au lieu de s'embarrasser de fausses réponses. Voilà le point de départ de l'actuelle initiative populaire. »[98]
— *Adolf Muschg, écrivain*

La lik

La lib
erté

Dans quelle
mesure serons-nous
libres, si nous ne
contraignons plus
personne ?

3 — La liberté

Dans quelle mesure serons-nous libres,
si nous ne contraignons plus personne ?

La contrainte de la liberté

Le revenu de base inconditionnel ne nous amènerait pas à la liberté, au contraire, il conduirait à la servitude. Voilà ce qu'affirment certains de ses détracteurs. Il serait une sur-régulation socio-politique et surestimerait les forces sociales. Dans le meilleur des cas, il libérerait une minorité de personnes créatives, mais il donnerait aussi ce message désastreux : les vacances à la place du travail.

Indépendamment du fait que le revenu de base inconditionnel n'est pas une prestation sociale, mais un droit fondamental, qu'il n'augmentera non plus la bureaucratie, mais l'obligera à une cure d'amaigrissement, qu'il n'entravera pas le travail mais le facilitera, ne contribuera pas à une augmentation d'impôts mais à leur redistribution, reste la question de la contrainte. Qu'est-ce qui contraint ?

Cette liberté qui est tout simplement là, est vécue comme une contrainte. Elle est là et ne disparaîtra pas. En tous cas aussi longtemps que je ne me déciderai pas à y renoncer. Le revenu de base inconditionnel me donne la liberté de faire les choses qui étaient auparavant sous conditions. Et il m'était impossible de les faire de manière aussi radicale. Grâce au revenu de base inconditionnel, la question de savoir ce que je veux ne conduit pas dans la servitude, mais devient une question cardinale. Le monde ne me dicte plus ce que j'ai à faire, mais me demande ce que je veux faire. Cela est fatigant — et censé! Car celui qui, durablement, reste sans questions personnelles, le fait à ses dépens et aux dépens d'autres personnes. Celui qui ne prend jamais de décisions personnelles, empêche l'épanouissement de sa propre individualité.

L'écrivain Adolf Muschg met en évidence la signification historique de cette situation: «L'Occident a commencé avec le questionnement socratique. [...] Socrate a payé sa méthode par sa condamnation à mort par les siens. [...] Aucun être humain ne peut être délivré de ce risque, mais il est possible de faciliter la disposition à le prendre. [...] Le revenu de base inconditionnel représente cette facilitation de la bonne volonté pour une nouvelle ère du questionnement. Il est une dote riche de nouvelles imaginations et représentations qui rendent possible de nouvelles réponses.»[99]

La contrainte de la liberté, c'est-à-dire sa réalité effective, est particulièrement révélée avec le revenu de base inconditionnel, car il atténue la contrainte de la servitude. C'est comme la douleur de la roulette chez le dentiste: la contrainte de la servitude est douloureuse car elle me pose des exigences et ne me soutient plus depuis longtemps. Nous vivons dans le superflu et, par manque d'idées, nous nous obligeons au manque par manque d'idées. Cette douleur est amère, elle est d'un genre qui n'existait pas du temps de la pénurie; car lorsque la pénurie est vécue par tout le monde, ce qu'il faut faire devient évident. Chacun aide à combattre cette pénurie. C'est en cela que réside la dignité et l'évidence de l'action.

La contrainte du revenu de base inconditionnel est une contrainte de liberté. C'est la seule contrainte digne d'une société libérale. Le revenu de base inconditionnel nous enseigne l'inéluctabilité de la liberté. Si nous saisissons la liberté, l'obligation devient superflue. Les actes issus de la liberté gagnent en valeur. La liberté n'apporte pas des actes contraints au monde, mais des actes libres.

Celui qui est pour le revenu de base inconditionnel, convertit la contrainte en contrainte de liberté. Celui qui est contre, s'oblige à une contrainte dont les millénaires passés avaient essayé de s'affranchir. Il confond les douleurs de l'enfantement avec celles d'une dent cariée. En permettant à l'être humain de se prendre en main, le revenu de base inconditionnel crée l'humain nouveau. Le système actuel, héritier du passé, représente la dent cariée. Il convient de l'extraire.

La confiance en tant que monnaie de réserve

Pour le revenu de base la question de confiance est le point essentiel. Peut-on douter de ce qui est évident? En effet, la confiance va de soi. Nous ne pourrions pas survivre si elle n'existait pas, elle est la monnaie de réserve de l'existence. Le jeune enfant est l'image archétypale de la confiance.

Le constat est aussi valable pour nous les adultes, car dans presque tous nos actes nous comptons sur les autres. Nous leur faisons confiance en empruntant l'ascenseur, la voiture ou l'avion. Nous comptons aussi sur le fait que les autres nous comprennent, que les prix que nous payons soient corrects et que les aliments que nous ingérons ne soient pas empoisonnés.

Retirer sa confiance au monde est un processus d'individualisation. Lorsqu'au lieu d'accorder la confiance au monde, je me l'accorde à moi-même, je deviens une personne singulière, un sujet, un indivi-du. C'est ainsi d'un côté, de l'autre ce processus d'individualisation est infirmé dans une société, qui repose sur l'individualisation. Sans les autres, je ne puis devenir individu, je le deviens grâce à eux. Le revenu de base inconditionnel ne rend pas la confiance inutile. Il reconnaît que chacun, pour vivre, a besoin de façon inconditionnelle de quelque chose qui représente le fondement de la confiance. On ne peut pas avoir confiance en quelqu'un qui est menacé dans son existence. Il est dans une situation précaire. Si on le libère de cette angoisse existentielle, il sera alors libre d'accorder ou non sa confiance, et dans ce cas, il deviendra véritablement responsable et, en règle générale, ne voudra pas décevoir la confiance qu'on lui porte.

Le revenu de base inconditionnel répond à ces deux critères : il assure l'existence de l'individu et la rend, de ce fait, digne de confiance. Il ne génère aucune méfiance, puisque celle-ci n'apparaît que dans une situation extrême. Tandis qu'aujourd'hui, nous évitons bien souvent encore de dire ce que nous pensons, ou d'avoir confiance de peur d'être menacés dans notre existence, le revenu de base inconditionnel rétablit la libre confiance, car il garantit l'existence.

Seul celui qui vit en sécurité, est libre

Seul celui qui vit en sécurité est libre. La sécurité génère la confiance. Cette sécurité fait qu'on n'a plus besoin de se soucier de sa protection. Dès lors un espace se crée : l'espace de la liberté.

La sécurité peut aussi être une prison : la prison pour être à l'abri. Chaque peur contre laquelle nous nous sécurisons génère de nouvelles peurs, de sorte que la sécurité peut aussi fonder la servitude et l'insécurité, la non-liberté. Ne pas devenir victime de l'insécurité est une preuve de liberté. Ne pas se laisser aussitôt mener par la peur est une preuve de courage. L'assurance face à quelque chose d'incertain apporte la sécurité et libère. Dans le meilleur des cas, se sentir en sécurité permet de faire face à l'insécurité. La sécurité existentielle est une bonne base pour affronter les incertitudes de la vie.

Les assurances existent pour le cas où il arriverait quelque chose. Nous ne nous assurons pas après un accident, car alors il est trop tard. Les assurances sont prévisionnelles. Installer un système de sécurité n'a de sens qu'avant un court-circuit et non après, afin que le courant ne puisse occasionner de dommages.

Les assurances apportent une garantie et chacun apporte une contribution pour le cas où un dommage serait causé en espérant que cela n'arrivera pas et qu'il ne sera pas seul à en porter les conséquences. La solidarité est donc le principe mobilisant l'aide des autres assurés, pour régler les dommages subis par un particulier. Que les assurances soient devenues spéculatives, c'est un autre problème.

Les assurances concernent les sinistres. L'existence humaine n'est pas un sinistre, c'est pourquoi le revenu de base inconditionnel n'est pas une assurance, il n'assure pas, il sécurise. Pour la sécurité existentielle, nous n'avons pas besoin de ces assurances comme il en existent actuellement, c'est à dire les prestations sociales.

La liberté est-elle un gage de sécurité ? Oui, elle nous garantit de ne pas être obligé de faire ce que nous ne voulons pas faire, c'est une assurance contre la contrainte. L'assurance de ne plus être obligé de faire, conduit à la liberté de faire beaucoup plus. Voilà la promesse de liberté du revenu de base inconditionnel.

L'argent en tant que bon d'achat libéral

L'argent peut être considéré comme un bon d'avoir, bien que ce dernier ait une autre fonction. En effet, c'est un bon de valeur que l'on peut utiliser pour tout. Le choix est très large et la décision appartient à celui qui l'utilise.

Un avoir n'est valable que pour ce qui est inscrit dessus. Avec un bon pour du café, je reçois du café mais pas de bière. La valeur du bon n'est pas déterminée par celui qui le détient, mais par celui qui le donne. Avec de l'argent on peut payer, un bon, on peut l'honorer.

On peut acheter les bons avec de l'argent. Au lieu de faire à quelqu'un un don en argent, on peut lui acheter un bon casseau et déterminer ainsi ce qu'il pourra en faire. Avec de l'argent, il pourrait faire ce qu'il voudrait. Avec un bon pour le cinéma, il ne pourra aller qu'au cinéma, il pourra choisir le film, mais par contre il ne pourra pas aller au théâtre, ni au restaurant.

Si le revenu de base inconditionnel était un bon cadeau pour remplir son panier avec ce qui est supposé être nécessaire pour vivre, nous donnerions l'impression, en tant qu'État, de connaître et de savoir déterminer le besoin du particulier. Cela serait un signe de scepticisme et de méfiance. Un bon, c'est de l'argent paternaliste, l'argent est un bon libérateur.

Dans quelle mesure le marché est-il libre si l'être humain n'est pas libre ?

Depuis longtemps, nous ne vivons plus dans une économie domestique, mais dans une économie de marché. Chacun produit pour la consommation des autres. Le marché est le lien qui rassemble producteurs et consommateurs qui ne sont plus en adéquation, la division du travail ayant contribué à dissoudre les liens. «La liberté de l'être humain ne consiste pas à pouvoir faire ce qu'il veut, mais à refuser ce qu'il ne veut pas faire.» Cette phrase est attribuée à Jean-Jacques Rousseau, philosophe des Lumières et précurseur de la révolution française.[100]

Si nous prenons la mesure de cette phrase, nous n'avons pas actuellement un marché libre. Nous sommes contraints de participer au marché de l'emploi, parce que nous ne bénéficions pas d'un revenu inconditionnel mais conditionnel. Pourtant un marché n'est libre que lorsque rien ne m'oblige à acheter ou à vendre. Il est libre lorsque je peux accepter ou refuser une proposition de travail. Le revenu de base inconditionnel créerait un marché libre sans obligation de contrat, et garantirait de manière riche et variée la liberté de contractualiser.

Le concept de liberté, qui influence actuellement l'idée qu'on se fait du marché libre, est de nature néolibérale. Dans ce cas, la liberté ne consiste pas à s'embarrasser d'égards, mais à jouer des coudes afin que le plus fort gagne! Le revenu de base inconditionnel, pour ceux qui le critiquent, viole ce principe, il gâche le jeu du marché. En assurant l'existence, la concurrence ne pourrait pas se déployer librement. Pourtant, que seraient les vainqueurs sans les vaincus? Quelle valeur aurait la liberté si on pouvait la garantir? Elle qui justement permet de convaincre par son efficacité? Le marché de l'emploi actuel est libre, puisqu'à chaque instant on peut changer d'employeur à condition d'être suffisamment attractif.

Cette argumentation est en contradiction absolue avec la perspective du revenu de base inconditionnel. La liberté ne consiste pas à imposer aux autres sa volonté, elle ne représente pas la loi du plus fort, bien au contraire. La liberté ne peut se déployer que dans la perception de l'autre. Cela n'est pas une vague lubie socio-romantique, mais un fait. Le philosophe Byung-Chul Han en donne une explication: «Dans le fond le mot ‹liberté› est comme un pronom relatif. On ne se sent jamais vraiment libre, que dans une relation réussie, un ‹ être ensemble › heureux avec d'autres. »[101] Celui qui ne respecte pas la liberté de l'autre, ne peut revendiquer la sienne. Ce n'est que lorsque l'économie de la concurrence sera libérée des contraintes de l'existence matérielle, qu'elle permettra un rendement sans que la souffrance en soit la contrepartie. Ce n'est que lorsque l'existence sera assurée que le marché deviendra la porte vers la liberté.

La liberté de consommation, rend-elle libre?

La liberté de consommation ne signifie pas que je puisse tout acheter, elle signifie que je ne suis pas obligé d'acheter telle ou telle chose. C'est à moi de décider de ce que j'achète. Le fondement de la liberté consiste à avoir les moyens de décider, librement et indépendamment, de ce que je veux consommer. Si mes moyens sont réduits, je suis plus facilement amené à acheter des produits bon-marché, c'est le prix qui prime et non la qualité. J'achète ce qui est opportun, pas forcément ce qui est bon. L'achat se conforme davantage aux moyens qu'aux besoins.

Ristourne! Rabais! Promotion! Rares sont ceux qui résistent à cette surenchère d'offres de réduction, même si les moyens dont ils disposent ne l'imposent pas. Cela donne simplement un bon sentiment d'avoir acquis quelque chose de bon-marché, même si chacun sait que les prix affichés incluent impôts et remises. Il nous reste malgré tout l'impression d'avoir été avantagé et particulière-ment malin. Avoir dépensé un prix moindre que le coût normal, ne nous donne pas seulement des ailes pour acheter, mais nous fournit en plus un sentiment d'aise.

Le prix d'ami, n'est pas le coût supplémentaire que je paie au vendeur sous prétexte qu'il est mon ami, c'est un prix réduit que m'offre le vendeur, pour me remercier de venir chez lui pour faire mes achats. Mais en fait, pourquoi payer moins cher et non pas plus cher ceux qui m'ont fourni une prestation ? Pourquoi est-ce que je me sens mieux en payant moins ? Comment pourrais-je me sentir mieux en payant plus ? Pour cela, il faudrait que je comprenne que mes amis ne sont pas mes ennemis. Il faudrait que je comprenne que tout ce que je consomme, d'autres le produisent pour moi. Alors, en tant que consommateur, pourquoi ne remercierais-je pas les producteurs en leur offrant plutôt un prix d'ami, au lieu de les humilier avec un prix d'ennemi ?

Le revenu de base inconditionnel nous permettrait d'avoir une attitude plus autonome dans nos décisions d'achat. Il pourrait nous rendre plus résistants face aux promotions et favoriser la qualité, la durabilité et le commerce équitable. Il pourrait mettre au jour la structure unissant des associations de producteurs et consommateurs et nous aider à devenir, non des chasseurs de bonnes affaires, mais des consommateurs responsables.

C'est le superflu qui est nécessaire

José Ortega y Gasset, le philosophe espagnol de la culture, fait la différence entre les activités humaines nécessaires et celles qui sont superflues. À ses yeux, ce qui est nécessaire, c'est ce que l'être humain devra entreprendre pour assurer son existence : avoir à manger, avoir un toit au-dessus de sa tête et de quoi se couvrir. Tout le reste est superflu : la littérature, la musique, la philosophie, l'art, la science, la religion, bref tout ce qui concerne la culture. Mais le paradoxe chez ce philosophe, c'est que pour lui, compte justement ce qui est objectivement superflu.[102]

Qu'est-ce que cela veut dire ? Il est vrai que déjà dans le domaine de la nature, on peut constater depuis longtemps que tout n'est pas dominé par la nécessité. S'il en était ainsi, les oiseaux chanteraient moins et certaines soirées estivales deviendraient plus silencieuses. La loi de conservation des espèces de Darwin serait depuis longtemps dépassée par les oiseaux. Cependant seul l'être humain, selon José Ortega y Gasset, est l'être qui, de tout cœur et avec ferveur, pratique le superflu. Pour toutes ses prestations, de l'antique jeu de la lyre, jusqu'à la musique moderne, de la construction de la pyramide à celle de la tour Eiffel, l'être humain est même prêt à accepter des restrictions vitales afin de pouvoir s'adonner au superflu.

Comment pouvons-nous observer, justement, que l'être humain devient malheureux lorsque le superflu lui manque ? Eh bien, lorsqu'il a le ventre plein et qu'il s'affale sur le sofa, les yeux rivés sur la télé. C'est alors qu'il peut sombrer dans la pire des dépressions, même s'il a depuis longtemps tout ce qui lui est nécessaire. Celui qui se donne la mort, le fait rarement à cause de la faim, mais bien souvent par chagrin d'amour, par conviction, par folie, par désenchantement, à cause d'une maladie ou par désespérance. Le fait que le taux de suicide grimpe plutôt que de descendre lorsque la prospérité augmente, semble donner raison à José Ortega y Gasset : ce qui est nécessaire à l'être humain, c'est le superflu.

Et le revenu de base inconditionnel ? Est-il superflu ? Heureusement, non. Il est inconditionnel et assure le nécessaire. Parvient-on au superflu sans le nécessaire ? Évidemment non. C'est la raison pour laquelle il serait erroné de suivre le philosophe espagnol en invitant d'un coup de tête les sans-abri au concert. Le but du revenu de base inconditionnel n'est pas d'imposer le bonheur avec du superflu, mais de construire la sécurité par le nécessaire, afin de rendre possible l'accès au superflu.

« L'être humain ne vaut plus grand chose le ventre plein et bien au chaud. Mais, justement, pour pouvoir sortir le meilleur de lui, il doit vivre bien au chaud et être rassasié », c'est ce qu'écrit Friedrich Schiller le 11 novembre 1793 au Frédéric-Christian II de Schleswig-Holstein-Sonderbourg-Augustenbourg.[103] Pour parler comme José Ortega y Gasset, cela signifie : alors que la nature et la technique nous fournissent le nécessaire, c'est nous qui sommes responsables du superflu. L'être humain est cet être qui ne peut vivre que dans le superflu. Pour lui, le superflu est une nécessité. Voilà la formule de la liberté : l'Humain commence là où il n'est pas déterminé.

Moi et les autres animaux

Celui qui devine la direction à prendre mais qui est encore hésitant, fait appel à l'expérimentation. Comment les humains se comporteraient-ils avec un revenu de base inconditionnel ? La réponse est dans l'avenir. Elle vise le comportement de chacun, qui ne se laisse ni mettre en formule, ni saisir mathématiquement.

Il existe cependant des essais qui éclairent la question du revenu de base inconditionnel. En 1949 Harry F. Harlow, un américain, professeur de psychologie, présente à huit macaques un jeu de patience consistant à ouvrir une espèce de serrure. Harlow veut découvrir comment ces singes développent la faculté de comprendre. La théorie du « béhaviorisme », en vogue à ce moment-là, prétendait que les primates ne devenaient actifs que lorsqu'il était question de nourriture ou de procréation, sauf si on leur apprenait péniblement à acquérir tel ou tel comportement au moyen d'une récompense. À la grande surprise de Harlow, les animaux résolurent aisément le problème, et ceci sans aucune récompense, alors qu'ils perdirent tout plaisir à jouer lorsqu'on leur eut donné des raisins secs dans le but d'augmenter leurs prestations. Ce comportement irrita si bien le psychologue, qu'il passa à autre chose, sans pour autant oublier de noter « qu'il devait nécessairement exister une autre force motivante au-delà de la pulsion alimentaire et procréatrice. »[104]

Ce n'est que deux décennies plus tard qu'un autre chercheur refit l'expérience de Harlow, mais en utilisant des humains. Edward L. Deci, expert américain en sciences comportementales prépara, pour ses candidats, une sorte de cube magique et leur proposa, pour augmenter leurs performances, de l'argent à la place de raisins. Le résultat se confirma. Aussitôt que les candidats furent récompensés par de l'argent, ils perdirent tout le plaisir dans la manipulation des cubes.[105]

Cela fut confirmé par une autre étude de Deci, au cours de laquelle il proposa à des étudiants de faire un puzzle en trois fois successives. La première fois, tous jouèrent sans directives. La deuxième fois, un groupe continua de jouer librement pendant qu'un autre groupe fut séparé et reçut de l'argent pour réaliser le puzzle. La troisième fois, tous jouèrent à nouveau librement, sans être payés. La conséquence : les étudiants qui avaient été payés la deuxième fois renoncèrent plus vite à résoudre le puzzle.[106]

La « troisième force » évoquée par Harlow, est actuellement connue sous le terme de motivation intrinsèque. Les questions posées par Harlow et Deci sont celles que pose le revenu de base inconditionnel. Est-ce que nous supprimons en nous les possibilités de la motivation intrinsèque lorsque nous nous forçons au travail ? Le travail nous satisfait-il seulement si nous le faisons sans but lucratif, de notre propre gré ?

L'expérience concernant le revenu de base inconditionnel, la plus riche et la plus variée que l'on puisse réaliser à tout moment, est le sondage suivant : « Quelle serait votre activité si votre revenu était assuré ? » Des centaines de milliers de personnes se sont déjà posé cette question. Le résultat ? Positif. La grande majorité continuerait de travailler, et même, beaucoup feraient le même travail. Encore mieux, un nombre respectable affirme qu'il ferait le même travail, mais dans un autre lieu et dans une autre entreprise. Ce qui est intéressant, c'est le désir de changement, d'une formation complémentaire et celui d'une diminution de la pression et du stress.

Inversons la question : « Que pensez-vous que les autres feraient si leur revenu était assuré ? » Le résultat devient négatif. Le même nombre de ceux, qui pensent continuer leurs activités, suppose que les autres ne le feraient pas. De nous-même, nous avons une image positive, des autres une image négative. Le magazine économique brand eins le montre magnifiquement dans sa rubrique « Le monde des chiffres : 90% des personnes interrogées sont sûres de continuer à travailler tout en bénéficiant du revenu de base inconditionnel, 80% d'entre elles pensent que les autres personnes cesseront alors de travailler. »[107]

Le revenu de base inconditionnel ne demande qu'une petite modification de la situation actuelle : garantir sans conditions la partie du revenu nécessaire à la vie de chacun. Qu'y a-t-il donc de si dangereux à cela ?

L'être humain est cet être qui devient ce qu'il est capable de penser de lui et des autres. Pour cela nous proposons une expérience : durant un mois, surveillez dans quelles circonstances vous prenez des décisions pour cause de garantie existentielle. Inscrivez-les et notez parallèlement quelles auraient été vos décisions avec une garantie existentielle.

Après un mois, faites une rapide et provisoire analyse : dans quelle mesure votre existence se modifierait-elle si vous agissiez comme si vous profitiez d'un revenu de base inconditionnel ? Deviendriez-vous plus paresseux ? Plus actif ? Quels seraient les effets sur vos décisions et les façons d'aborder l'existence ? Quelles seraient les conséquences pour vos concitoyens ?

Le mois suivant, observez en quoi votre vie changerait si les personnes autour de vous bénéficiaient d'un revenu de base inconditionnel. Seraient-elles moins stressées? Plus disponibles? Plus dé-semparées? Quelles en seraient les conséquences pour vous? Le troisième mois, demandez autour de vous ce qu'un revenu de base inconditionnel modifierait dans la vie des gens. Notez les réponses et réfléchissez à ce qu'impliqueraient ces modifications dans votre propre vie. Quels seraient pour vous les avantages, les chances et les défis? Débutez cette expérience si possible avant le référendum.

Sans assistance, ça va mieux

« Je trouve que le revenu de base inconditionnel est un concept immoral »[108] note Lukas Rühli, directeur de projet Avenir Suisse, une usine à concepts suisse, et il se justifie en disant : « C'est justement pour une question de justice que je trouve censé d'aider ceux qui ne peuvent s'aider eux-mêmes, et d'exiger que ceux qui le peuvent se prennent en main. »

Que nous enseigne cette argumentation? Il y est question de morale, de justice et d'assistance. Il est à noter que Rühli considère le revenu de base inconditionnel, non comme un droit fondamental, mais comme une prestation sociale, donc comme une assistance. Son argumentation repose là-dessus. L'assistance est un geste humain élémentaire. Au Moyen-Âge, l'assistance était accordée sous forme d'aumônes. Beaucoup de religions la considéraient comme un devoir. À la suite des Lumières et de l'industrialisation, la charité individuelle aboutit au système politique de la Sécurité Sociale.

Vers la fin du XIXe siècle, Otto Von Bismarck fut un pionnier de l'État social, raison pour laquelle nous continuons de parler d'État social bismarckien. Il représentait un grand pas en avant :

l'aide au particulier fut établie politiquement pour apporter par la suite, sous la forme de l'État social moderne, nombre de prestations sociales.

Que ce soit par charité comme au Moyen-Âge, ou une exigence de la vie moderne, il s'agit toujours d'une relation d'assistant à assisté. Saint Martin est le prototype de l'assistanat au Moyen-Âge: il partage sa tunique avec un mendiant qui est incapable de s'aider soi-même. C'est avec ces images en tête qu'argumente Lukas Rühli: il existera toujours des êtres humains qui échoueront. Il faudra les recueillir. Leur venir en aide est un devoir moral. Et, toujours selon Rühli, aider des personnes capables de s'aider elles-mêmes, reviendrait à un abus. En effet, on aiderait des gens qui n'en ont pas besoin du tout, et qui percevraient sans conditions un revenu non indispensable, et pire que ça, on les encouragerait à ne pas travailler.

Pour tout dire, l'assistanat fait perdurer une société à deux classes, une classe supérieure qui pratique l'aide, et une classe inférieure qui bénéficie de cette aide. Le revenu de base inconditionnel abroge cette société à deux classes: je n'aurais plus besoin qu'on m'aide, je peux agir de manière autonome et indépendante, je ne suis plus dépendant de l'assistance d'autrui. La dépendance envers une aide cesse, et cela m'aide à ne plus en être tributaire. Lorsque chacun percevra un revenu de base inconditionnel, plus personne n'aura besoin d'apporter de l'aide à l'autre. Le journaliste Michael Sennhauser trouve là-dessus une image appropriée: «Lorsque chacun sera son propre roi, plus personne ne sera le roi d'un autre.»[109]

À partir de la noble volonté de soulager la misère, nous avons abouti à un mécanisme social étatique qui crée une relation de dépendance. Nous avons institutionnalisé Saint Martin et l'avons perverti. Martin le perverti ne partage plus son manteau, mais propose de la morale, une morale pour ceux qui secourent et une autre pour ceux qui demandent du secours.

Actuellement, la misère n'est pas atténuée mais exploitée. Elle constitue la matière brute de l'industrie de la pauvreté. «Les affaires liées au chômage tournent rond. Des montants de plusieurs milliards disparaissent dans les emplois insensés à un euro et dans une bureaucratie monstrueusement pléthorique» écrit le magazine *Der Spiegel* dans son article sur «l'usine Hartz»[110] allemande.

L'entrepreneur Götz W. Werner caractérise le régime Hartz comme un régime pénitentiaire[111] et Heribert Prantl, membre de la rédaction du journal *Süddeutsche Zeitung* se plaint : «Avec Hartz IV, des éléments du droit pénal ont fait leur irruption dans le droit social. [...] La pédagogie autoritaire et répressive, mal vue dans la pédagogie des enfants, a été de nouveau introduite par Hartz IV dans le monde des adultes.»[112]

La politique sociale suisse, plus généreuse, s'y prend autrement, mais pas moins gravement. L'institut fédéral de la statistique note que 60% des personnes, qui pourraient revendiquer un droit légitime à une aide sociale ne la font pas valoir. Sur les 586 000 personnes qui, en 2013, auraient eu droit à une aide sociale, seules 231 000 l'avaient réellement perçue. Les raisons principales de cette non perception sont l'ignorance, la honte, la peur de l'endettement, la crainte du changement du statut du permis de séjour, ou parce que la famille devrait participer à cette assistance.[113]

Aider quelqu'un peut donner un sentiment de satisfaction. Qu'y va-t-il de plus beau que d'être réellement utile? De nos jours, nous profanons ce noble désir. Nous diffamons des personnes en les traitants de parasites sociaux. La réponse politique sont «les enquêteurs sociaux», une véritable plaie, aussi bien pour ceux qui veulent aider, que pour ceux qui ont besoin d'aide.

Le revenu de base inconditionnel libère des excès d'une morale conservatrice. Tandis qu'aujourd'hui il faut que je me déguise en mendiant pour être aidé ou puni par un État social jouant au Saint Martin, le revenu de base inconditionnel n'exige de moi ni plus ni moins que mon autodétermination. L'État social actuel m'alloue de l'argent pour ce qui est faux, alors qu'avec le revenu de base inconditionnel, je possède de l'argent pour ce qui est juste. Lukas Rühli pense qu'il est juste que chacun subvienne à ses propres besoins. Ce qui est juste, c'est que celui qui peut faire doive le faire! Ce qui est injuste, c'est que celui qui peut le faire, ne soit pas obligé de le faire.[114] Le revenu de base inconditionnel rompt le charme de cet adage : qui ne doit pas, peut.

Celui qui s'autodétermine libère les autres

À peu près tout le monde s'accorde pour dire que l'autodétermination est une bonne chose, surtout si quelqu'un de sage et d'une détermination sans faille peut éviter que tout aille à vau-l'eau. Si chacun agit selon son bon plaisir, on risque de provoquer le chaos.

La crainte que l'autodétermination puisse virer au chaos général, repose sur une fausse approche de l'idée d'autodétermination. Celle-ci ne signifie pas qu'aucune loi ne comptera plus, ni que toutes les revendications que nous nous adressons les uns aux autres seront caduques. L'autodétermination signifie que toutes les exigences, tous les besoins, les désirs et les espoirs que je nourris, ne pourront être réalisés de façon sensée que lorsqu'ils seront réalisés par d'autres, eux-mêmes autodéterminés.

L'autodétermination est toujours une autodétermination des autres. C'est seulement si je pense que les autres la pratique que je pourrai moi-même m'engager. «D'accord, je veux bien vivre dans l'autodétermination, mais un déterminant, pour les autres autodéterminant serait déjà nécessaire, afin que ça aille dans la bonne direction.» Voilà l'attitude qui fera de moi un esclave de mes peurs face à l'autodétermination. Si les autres n'en font pas de même, la mienne sera comme du pain sec : un vœu pieux, vide de sens.

« Et qui donc décide, en admettant que je me détermine, réellement pour moi-même ? » Ce sont les autres, et c'est bien ça qui est singulier : l'autodéterminant n'est pas celui qui s'oppose aux revendications des autres, c'est celui qui les perçoit et les comprend. Celui qui s'autodétermine n'épie pas les contradictions. C'est pendant la puberté que nous connaissons cette phase qui devance l'autodétermination, celle de l'entêtement. L'autodétermination, c'est autre chose. Elle est la possibilité de me lier intrinsèquement à une mission dans le monde et de croître intérieurement grâce à cette mission. Tous les autres liens se rompent de nos jours à plus ou moins longue échéance, et là aucun super décideur ne pourra aider.

La peur face à l'autodétermination provient du fait que l'individu est encore considéré comme un empêcheur de tourner en rond, un agitateur, quelqu'un qui se croit supérieur. Celui qui le considère ainsi de haut se déconsidère lui-même. Avec le gourdin du ressentiment, il tape sur la partie de son être qui se prend pour quelqu'un de supérieur. Le revenu de base inconditionnel nous invite à tous nous considérer comme supérieurs.

Celui qui ne veut pas compter sur des êtres autodéterminés, ou qui veut leur imposer un « surdéterminant », préfère les subordonnés, les serviteurs soumis, les bourreaux de travail qui s'adaptent. Avec le temps, ce qui peut nous arriver de pire, c'est que nous ne permettions plus de former les êtres humains à la pensée critique, mais que nous générions des travailleurs zombis, soumis et sans ambition. Si nous voulons maîtriser les défis du futur, l'autodétermination sera la seule chance : elle seule me conférera la certitude que ceux à qui je m'adresse restent encore des êtres humains. Lorsque je m'adresse à une personne déterminée de l'extérieur, elle ne me répondra pas en tant qu'être humain mais tel un robot, un non être, absent de lui-même. Et ça, nous ne pouvons pas nous le permettre si nous voulons rester encore longtemps des êtres humains.

Seul sera libre l'esclave devenu maître

De nos jours, il va de soi que nous nous accordions les droits civiques : le libre développement de la personnalité, le libre choix de la résidence et de la profession, de la liberté de circulation et le libre choix de la religion. Si quelqu'un était forcé d'appartenir à une confession, d'exercer telle ou telle profession ou de réduire sa mobilité, nous trouverions cela injuste, voire indigne. Tous ces droits à la liberté sont tout sauf évidents. Ils sont une conquête des Lumières. La liberté d'un esclave romain se résumait à la liberté de son maître de le louer, de le vendre ou de le libérer. Mais une vie de liberté était impossible pour l'esclave, aussi longtemps qu'il lui manquait la base existentielle lui assurant l'existence : la propriété. Celui qui ne possédait pas de terres ne pouvait revendiquer de revenus agricoles. Sur ce point, le maître garantissait l'existence de l'esclave, lequel dégageait lui même les revenus sur la propriété de son maître (dont lui-même faisait partie). Libérer un esclave sans lui donner la possibilité de pouvoir utiliser cette liberté ne le rendait pas libre, mais hors-la-loi. La seule chance de profiter de sa liberté, consistait à se trouver un nouveau maître, ou de continuer à servir l'ancien. Donner la liberté à un esclave n'était souvent pas de la générosité, mais revenait à signer son arrêt de mort.[115]

Nous sommes reliés à cette scène aujourd'hui par différents aspects. Premièrement, l'esclave connaissait les besoins élémentaires qui devaient être satisfaits, pour être capable de produire un travail. Un esclave mort n'était pas un bon esclave. Même de nos jours, nous n'avons pas cessé d'avoir des besoins. Par rapport aux besoins élémentaires, on ne peut évoquer ni la liberté, ni la dépendance. Ils constituent tout simplement le fondement de notre existence.

Ce n'est que, lorsque celle-ci est assurée que nous pouvons nous poser d'autres questions.

Deuxièmement: le contrat de travail actuel d'un employé, lié à l'obligation d'une sécurité sociale, est du même acabit que le droit locatif des esclaves romains.[116] Le maître désigné de nos jours par le terme d'employeur, doit à ses employés la subsistance. Dans l'économie de marché, elle ne permet pas d'avoir à disposition une terre agricole pour sa propre subsistance, mais d'utiliser l'argent pour payer des biens et services. En contrepartie de cette obligation de subvenir aux besoins, de respecter le code du travail, pour lequel les syndicats depuis un siècle et demi s'investissent de manière méritoire, l'employeur a le droit d'engager ses employés à réaliser ses objectifs. Il est vrai qu'entre-temps, le travailleur bénéficie du statut de citoyen, qui lui donne des droits et des devoirs en tant qu'individu, mais ce n'est guère différent des autres époques, et on continue de disposer de sa force de travail et de sa personne comme esclave de travail.

Troisièmement: en tant que pater familias, le maître pourvoyait aux besoins de ses sujets et veillait à ce qu'ils exécutent leurs tâches. Les circonstances étaient organisées de telle sorte, qu'ils étaient obligés d'exécuter ce qu'ils devaient faire. Actuellement, puisque le gain d'argent est nécessaire pour pouvoir consommer dans une société de partage du travail, il faut produire ce qui rapporte de l'argent. Le seul moyen d'être utile n'est plus d'obéir au maître, mais de participer au marché. Du moins, le propriétaire d'esclaves présentait-il une main visible, la main du marché est devenue invisible.

Pourtant, les deux mains dressent un index moralisateur et proclament à grands cris: «si tu n'acceptes pas ce qui compte pour nous, nous t'enlevons ton nécessaire vital.» La question est maintenant de savoir, comment nous organiserons nos conditions politiques et sociales, afin que les libertés civiles, depuis le libre choix de la profession, jusqu'à l'épanouissement de la personnalité, n'agissent pas cyniquement comme au temps des Romains:

accorder la liberté à un esclave, sans lui donner les moyens de l'assumer. La réponse est on ne peut plus simple : en libérant les garanties existentielles des conditions qui les alourdissent. Accordons inconditionnellement, ce qui est absolument nécessaire. Des conditions, qui voudraient réguler les besoins, seraient inefficaces. La garantie existentielle est la voie la plus efficace pour renforcer une société, car elle rend les êtres meilleurs.

Qu'en sera-t-il alors pour ce qu'on appelle les « sales boulots » ? Ils sont issus d'une période où le travail en soi était considéré comme sale par la couche supérieure de la société, alors que pour tous les autres, il allait de soi et était inévitable. À la ferme, il faut traire les vaches, rentrer la récolte, cuire le pain. La dignité de ce labeur consiste en effet à saisir ce qu'il est nécessaire de faire, tout en essayant de le simplifier. Le sale boulot actuel est un spectre qui hante la conscience de maints citoyens. Il est difficile de spécifier ce qu'est un travail sale. Est-il salissant de laver l'argent ? Ou bien la voiture ? Une vieille personne ? La vaisselle ? Et qu'est ce qui est propre ?

Il n'existe pas de travail sale. Il n'existe que des travaux qu'il faut accomplir, et d'autres qui ne sont pas obligatoires. Des travaux qu'on n'aurait pas besoin de faire, il y en a à foison. Beaucoup de postes de travail ne sont que des postes pour récupérer un salaire, et le travail qu'il est nécessaire de faire, nous ne l'appréhendons que de manière floue.

Le revenu de base inconditionnel donne une vue claire pour ce que nous nous devons les uns les autres. Il me permet de reconnaître ce que je peux accomplir pour les autres, et il veille à ce que les droits civiques à la liberté ne dégénèrent pas en figure de rhétorique hypocrite comme celle des esclaves libres romains.

Ma liberté croît en même temps que la tienne

Comment ma liberté se comporte-t-elle en rapport avec celle des autres? La représentation habituelle affirme: ma liberté s'arrête où commence celle des autres. Si je veux plus de libertés, celles des autres devront s'amoindrir. Si je veux devenir totalement libre, il me faudra totalement restreindre voire anéantir la liberté des autres, de peur qu'elle ne menace la mienne. «Ma liberté: oui! Celle des autres: non!» C'est ce que chante le cabaretier Georg Kreisler à propos de la liberté à sens unique.[117]

La liberté à sens unique ressemble au libéralisme de salon poussiéreux. Il prône l'épanouissement de la personne quand elle est enfermée entre ses quatre murs ou dans la salle de séjour du voisin, qu'elle aurait occupée en s'y sentant libre. Pourtant ce libéralisme de salon est dépassé depuis longtemps. De nos jours, la liberté ne conduit pas à la non-liberté de l'autre. Ma propre dépendance entraîne sa dépendance, ma liberté entraîne sa liberté. Le fait que ma dépendance crée d'autres dépendances est prouvé dès que j'exerce un contrôle. Si je me mets à surveiller les autres car je vois en eux une menace, et que j'attends de cette surveillance qu'elle me procure la sécurité, alors cette sécurité surveillée augmentera mon sentiment d'insécurité. Dans l'incertitude de mon soi-disant sentiment de sécurité, chacun m'apparaît brusquement comme une menace. Je devine mon insécurité dans le regard de tous les autres, et alors, plus de trace de sécurité.

De nos jours, ma liberté ne menace plus la liberté des autres, au contraire elle m'est offerte par eux. La liberté n'est pas impartageable, elle croît en étant partagée. Quand je facilite l'accès des autres à la liberté, ils me permettent aussi de la réaliser en moi. Si je les considère comme des êtres dépendants, tandis que moi seul je suis capable d'être libre, cette liberté n'est rien d'autre qu'une révolte, un égoïsme libéral.

Dès 1871 l'écrivain Henrik Ibsen écrivit au critique littéraire Georg Brandes: «Quand on proclame posséder la liberté au lieu d'y aspirer, on a une liberté morte, sans idéal, car le concept de liberté a ceci de particulier que dès son acquisition, elle ne cesse de se déployer, et lorsque quelqu'un s'arrête en plein combat et dit : ‹ maintenant je la possède ›, il montre qu'il l'a perdue.»118 La liberté actuelle est la liberté par les autres. Chaque jour nous la conquérons d'une façon nouvelle en nous garantissant l'existence les uns aux autres, et lorsque nous nous offrons réciproquement la liberté d'accomplir nos tâches.

Celui qui ne peut contraindre, doit convaincre

Dans une société du revenu de base inconditionnel, on doit avantager l'économie participative de projet et non l'économie financière de profit. Le revenu de base inconditionnel renforce une économie qui donne du sens, car chacun est coparticipant à des décisions sensées. La pure orientation vers le profit perd de son effet de levier, car plus personne ne sera obligé d'y participer s'il ne le veut pas. Les tenants de l'économie financière s'offusquent de cette idée de revenu de base inconditionnel. Celui qui veut investir dans quelque chose de responsable, trouvera plus aisément des conditions adaptées dans une société où le revenu de base inconditionnel est instauré.

L'investisseur se trouve confronté à la question de savoir à qui doit servir son investissement : s'il choisit un objectif qui a du sens, il devra probablement renoncer à un profit à court terme. Choisit-il l'argent rapide et sale, il vaudrait mieux qu'il aille quelque part où il n'y aura point de revenu de base inconditionnel, car la chance pour lui de pouvoir profiter de conditions inhumaines sera largement plus grande.

Le baromètre 2015 du Trust Edelman indique, que partout dans le monde des personnes font avant tout confiance à des organisations qui ne mettent pas au premier plan leur profit personnel, et qui donc œuvrent pour l'intérêt commun. Celui qui ne travaille pas pour le seul profit est moins manipulable. Voilà justement ce qui est apprécié.[119]

Celui qui ne peut contraindre devra convaincre. Celui qui veut diminuer le chantage et la peur, devra se porter garant de la sécurité et de la liberté. Inversement, celui qui, pour ses propres intérêts, veut prendre le contrôle sur quelqu'un, devra lui tenir la bride haute. Pour tenir captif celui qui a un faible revenu, il sera très efficace de lui signifier que d'autres sont encore plus mal lotis que lui.

Les profits sont faciles à obtenir dans un système de concurrence existentiel. Il suffit d'avoir des personnes dont le revenu ne dépasse pas le minimum existentiel. La classe moyenne pourra s'en détacher et l'élite la dominer.

Il est impératif que ceux qui sont tout à fait au bas de l'échelle se sentent eux-mêmes coupables de leur position, et que leur unique espoir soit d'atteindre la couche moyenne. Celui qui s'y trouve déjà devrait s'imaginer qu'il fait déjà partie de l'élite. Tous les scrutins en Suisse permettent d'observer que cela fonctionne très bien : la majorité des citoyens de ce pays vote la plupart du temps, comme s'ils faisaient déjà partie des nantis. Ils votent pour les élites, comme s'ils étaient des leurs. Le système de la concurrence se stabilise par l'assistance à ceux pour lesquels il est avéré qu'ils ne peuvent s'aider eux-mêmes. Celui qui sera pourvu d'un revenu de base inconditionnel, n'aura plus besoin de regarder vers le haut et de quémander de l'aide. Il n'aura plus besoin de se montrer accommodant, ni de se battre pour sa survie, mais pourra le faire pour une meilleure cause.

L'économie mondiale, une économie de l'hospitalité

Celui qui agit de son propre chef a plus de succès. Un hôte qui vous accueille avec bonne volonté, allant et enthousiasme le fait bien mieux que celui qui le fait sans grande motivation. La motivation augmentera si elle est vraie. On le voit quand il s'agit de rapports humains dans la vente, le secteur des soins, la formation, partout où il y a des contacts directs. Il est d'une importance capitale de ressentir son travail comme une activité sensée pour qu'il soit couronné de succès.

Le principe de l'hospitalité, d'accueil d'un hôte, est exemplaire pour tout ce qui concerne les échanges. Cet hôte qui a des besoins, qu'on le rencontre directement ou non, c'est pourtant celui pour lequel on travaille, et c'est pourquoi le marché est aussi une hôtellerie, une auberge, c'est à dire un endroit où sont satisfaits les besoins d'autrui.

Le revenu de base inconditionnel nous rend plus attentifs aux besoins des autres. Si nous ne travaillons que pour de l'argent, c'est le salaire qui devient important. Acheter passe avant de savoir ce que nous achetons, avant de connaître la nature de l'achat, et s'il est réellement nécessaire. C'est ainsi partout : plus nous sommes dépendants, plus notre angle de vue se resserre. L'indépendance, cet angle ouvert, est un facteur de qualité. Le revenu de base inconditionnel nous permet d'être moins attentifs à nos propres besoins et plus à ceux des autres. Celui qui tourne son regard vers le monde, voit les autres. Celui qui ne regarde que lui-même, ne voit rien.

Nous vivons des prestations d'autrui. Plus celles-ci sont de qualité, meilleure sera notre existence. Que pouvons-nous faire pour aller bien ? Veiller au bien-être de ceux qui travaillent pour nous. Nous devons alors créer les conditions permettant aux autres d'être satisfaits de leur contribution. Si nous développons des techniques pour atteindre ce but, ce sera une bonne chose pour tout le monde.

Celui qui approfondit l'idée d'hospitalité, arrive à la conclusion que celle-ci doit être inconditionnelle. «L'hospitalité vraie est inconditionnelle dans son essence même : elle est ouverte à l'autre, peu importe qui il est, éventuellement quelqu'un qui n'est pas attendu ou invité, pour quiconque nous rend visite, un étranger, un inconnu, un imprévu.» Ainsi parle le philosophe Jacques Derrida.[120]

Celui qui est ouvert aux autres, n'est pas chez lui seulement dans sa maison, mais également chez les autres. Il exerce un échange non commercial mais amical avec les étrangers, la condition nécessaire pour que nous ne vivions pas seulement les uns à côté des autres, mais pour que nous vivions réellement ensemble.

Liberté I

Le terme de «temps libre», qui provient du Moyen-Âge, était au XIVe siècle caractérisé comme une période de paix pour les échanges marchands. Il protégeait les marchands et ceux qui fréquentaient les marchés contre les dérangements de tout ordre, y compris les mesures officielles telles que les assignations et les emprisonnements. C'était un temps de paix où l'on pouvait travailler.[121]

Le concept de liberté, tel que nous le connaissons actuellement, est pour la première fois cité par le pédagogue Friedrich Fröbel en 1823. Il qualifiait aussi la période qui était offerte librement aux pensionnaires de son Institut d'éducation, et qu'ils pouvaient utiliser selon leur bon vouloir.[122]

Le dictionnaire *Duden* note le terme «temps libre» pour la première fois en 1929 et le définit ainsi : «C'est une période sans obligation de travail.»[123]

L'idée de temps libre apparaît de deux façons : d'abord dans l'affaiblissement des structures autoritaires, et plus tard dans leur effondrement. L'industrialisation crée plus d'espaces pour une autodétermination de la vie. D'un autre côté, le temps libre est une conséquence de la révolution industrielle et d'une dévalorisation de l'idée de travail comme conséquence de sa division. L'industrialisation ne mène pas seulement au travail à la chaîne dans les fabriques, mais constitue aussi le point de départ vers un progrès technique insoupçonné avec, comme résultat, une productivité qui ne cessera de croître.

La clef de tout cela est la production d'énergie qui résulte à son tour de la mécanisation et la rationalisation du travail. Le développement de l'agriculture le démontre de manière impressionnante : en 1900, un agriculteur produisait de la nourriture pour quatre personnes, en 1949 pour dix, en 2000 il en nourrissait 129 et en 2012, 144.[124]

Le concept de temps libre apparaît là où la vie et le travail sont séparés. Lorsque le travail n'est plus voulu et accompli naturellement et comme allant de soi, et que des gens dépérissent tel un rouage dans un grand système, survient alors l'idée de la nécessité de temps libre.

Parler de temps libre n'est compréhensible que face à un travail obligatoire, autrement dit « le temps de travail », celui que l'on exécute parce qu'il le faut. Là où le travail n'est pas vécu comme porteur de sens, mais comme un rude labeur et un mal nécessaire, on ne veut pas obtenir seulement un salaire en guise de compensation, mais aussi des droits qui garantissent la possibilité de mener encore une autre vie que celle du travail, c'est à dire une vie avec du temps libre. Nous devons aux syndicats et aux sociaux-démocrates la conquête d'une diminution du temps de travail, de plus de salaire et plus de temps libre.

Les capitalistes du XXᵉ siècle étaient plus ou moins d'accord avec les exigences d'une amélioration du temps de travail.

En utilisant la méthode des petits pas, on accorda aux prolétaires plus de temps libre, car finalement, après leurs durs efforts, ils devaient reprendre des forces afin de pouvoir retourner, frais et dispos, à la besogne.

Les travailleurs voient dans le temps libre une compensation méritée. J'ai du temps libre, donc je suis. Je travaille, donc j'ai droit à un temps chômé, un temps où je ne suis plus obligé de travailler, où je peux déterminer moi-même ce que je peux faire, où je ne suis pas contraint de suivre des instructions. Je suis rémunéré pour mon travail. Pendant le temps de travail, je vends ma force de travail et mon temps de vie. Pour l'utilisation du salaire, c'est moi qui décide. C'est ainsi que je suis libre : Liberté I.

Liberté II

Celui qui ne fait pas ce qu'il veut, devra être conduit à vouloir faire ce qu'il doit faire. Les maisons de correction et autres instituts d'éducation spécialisés travaillèrent dans ce sens en parallèle à l'essor du capitalisme industriel. Ils inculquaient des qualités utiles, telles que la ponctualité, l'assiduité, afin de préparer à un bon comportement au travail. Le contrôle des professions indépendantes, la bureaucratie répressive envers les chômeurs, le tout imprégné du langage correspondant, ressort de cette tradition.

Le revenu de base inconditionnel permettrait de se débarrasser de ces comportements dépassés. Chacun devrait décider de sa manière de vivre. La bureaucratie hypertrophiée qui veille, actuellement encore, à la mise au pas de ceux qui refusent cette mentalité productiviste, pourrait être supprimée sans aucune nécessité d'être remplacée.

De toute façon le revenu de base inconditionnel permettrait d'avoir un autre rapport au temps. Le philosophe en sociologie Harald Welzer note : « Si c'est actuellement le temps de travail qui est le support du sens et de l'essor de la modernité, le travail personnel, le temps des loisirs, pourrait être jugé d'égale valeur, car ce temps sacré pourrait aussi concerner la personne individuelle elle-même ; selon ses besoins et ses préférences. »[125] Pour Welzer, le temps pourrait se transformer pour devenir un temps plus fortement déterminé individuellement.

Si l'on suit la pensée du philosophe suisse Stephan Brotbeck, ce temps est arrivé : « Nous avons besoin de prendre notre temps pour ne pas nous abrutir. »[126]

Prendre son temps signifie pouvoir s'autodéterminer aussi en dehors du temps libre. Un travail porteur de sens deviendra de plus en plus un moteur. Je ne veux pas seulement réaliser des projets imaginés par d'autres, mais les cogérer et en porter ma part de responsabilité afin de me développer moi-même.

Par rapport à la révolution industrielle, la numérisation multiplie les possibilités de la rationalisation et l'augmentation de la productivité. Elle contribue à nous faire vivre d'énormes changements, non seulement dans les usines, mais aussi dans bien d'autres domaines professionnels. Tout ce qui est calculable sera automatisé. Cela concerne le banquier aussi bien que la caissière, et bientôt aussi l'automobiliste. Les frontières de la rationalisation sont celles du vivant. Seul ce que les êtres humains ne réaliseront pas par leurs propres moyens, mais ne feront qu'exploiter, sera automatisé. Les professions futures se trouvent là où l'on pense soi-même et où rien ne pourra être évalué. Pour ce qui est calcul et applications, les êtres humains seront de moins en moins utiles, par contre ils le seront pour tout ce qui exige de l'autonomie et de la créativité. Le temps libre sera alors une inconvenance, car il suppose l'existence d'un temps où je renoncerais à ma liberté.

«Celui qui a un travail intéressant n'aura aucun intérêt à l'abandonner» note l'écrivain Ludwig Hohl.[127] «Celui qui est réellement actif n'arrêtera pas. Le travail n'est abandonné que s'il est inintéressant, et donc pas valorisant».[128] Il faudra du temps libre pour compenser un travail qui n'apporte pas de satisfaction. Ce qui compte pour le travail, c'est qu'il implique ma personne et me renforce intérieurement. Je ne veux pas être libéré du travail mais être libre dans le travail : Liberté II.

L'engagement par la liberté

Nous essayons de créer des espaces pour la liberté à travers des directives et des conventions détaillées, mais est-ce encore adapté à notre époque ? Voulons-nous fonder notre liberté sur des limites et des règlements ? La question qui se pose est : la liberté, peut-elle être générée par des lois ?

Les questions liées à la liberté devront être sans cesse renégociées. Les limitations de vitesse sur les routes empêchent évidemment notre liberté de conduire aussi vite que nous voulons, mais elles nous donnent aussi la liberté de nous déplacer avec plus de sécurité. En contrepartie de cette limitation, nous gagnons la liberté d'emprunter les routes avec une meilleure sécurité. Il en va de même avec les lois régulant l'alimentation. Elles prescrivent d'utiles normes d'hygiène accompagnées de contrôles sanitaires efficaces et encouragent les formations, aussi bien pour la production que pour la consommation des aliments. Mais que tout cela soit orchestré par Bruxelles, jusqu'à imposer la taille des concombres et la forme de leur courbure pour toute l'Europe, c'est grotesque.

La liberté est beaucoup plus qu'avoir moins d'État, c'est le rôle de l'État de légiférer pour encadrer les libertés. Il doit créer des règles sensées qui protègent les libertés individuelles. C'est ce que garantit le revenu de base inconditionnel : un espace de liberté pour que l'on puisse personnellement progresser, mais aussi une diminution de l'emprise de l'État sur les choix de vie des individus. Quand la liberté nous pousse-t-elle à nous engager ? Lorsqu'elle n'est pas qu'un simple choix, lorsqu'elle n'est pas seulement celle de consommer, mais aussi une liberté de produire.

Le revenu de base inconditionnel crée plus de liberté pour produire, plus de liberté pour décider pourquoi et comment je veux m'investir, sous quelle forme et dans quelle mesure je veux être actif. Le revenu de base inconditionnel m'apporte une base sûre pour entreprendre. L'argent n'est plus un handicap dans ma tête mais un socle sous mes pieds. Je peux m'y mettre, je suis plus libre de réfléchir à ce que je veux faire, plus libre de définir quels sont mes besoins.

L'échec pour ceux qui tentent quelque chose

Celui qui a un revenu de base inconditionnel n'échouera plus par manque de garantie, mais à cause de lui-même. L'échec ne sera plus une menace existentielle, mais sera lié à la cause de l'échec elle-même. Le revenu de base inconditionnel n'éliminera pas l'échec, mais permettra de l'assumer. Ne pas sombrer à la suite d'un échec est la condition pour pouvoir en tirer des leçons. À quoi sert l'échec s'il ne m'apprend rien ? Avoir le droit d'échouer permet d'innover. Celui qui a la hantise d'échouer ne prendra pas de risque et restera inactif. Évidemment, comme le dit le bon sens paysan : « Tout fumier n'est pas tout de suite de l'engrais, mais sans fumier il n'y a pas d'engrais ».

Celui qui apprend de ses erreurs, fait une heureuse expérience. Celui qui en conclut qu'il faut créer systématiquement les conditions pour créer l'échec, fait une déduction erronée. L'échec ne peut être qu'une affaire personnelle. Si on empêche cela en laissant exprès les autres échouer, on crée un frein à l'innovation.

Le revenu de base inconditionnel offre une occasion de se rattraper. On ne tombe plus dans la faille, comme l'alpiniste encordé qui peut se permettre des escalades qu'il n'aurait pas osé accomplir sans cette sécurité. Cela donne la certitude de ne pas faire de chute lorsqu'on commet une faute. Ce qui est décisif : la corde de sauvetage ne se tend pas seulement lors d'une chute, on la met déjà avant le début de l'escalade. Et puis : tous sont encordés, même le guide, même celui qui n'a jamais dérapé.

Le revenu de base inconditionnel n'est ni une récompense, ni un châtiment. Il n'est pas un instrument éducatif. Il permet l'auto éducation parce qu'il dédramatise l'échec.

Une société qui admet les erreurs est plus flexible et plus fructueuse qu'une société qui les diabolise. C'est pourquoi tendre un amical filet de secours est un geste de bon sens. Commettre des fautes est humain, mais il est inhumain qu'une faute puisse entraîner la perte de toutes les ressources.

Le revenu de base inconditionnel diminue la hauteur de la chute suite à un échec : il permet la chute tout en offrant l'occasion de se relever.

La danse de la liberté

Que signifie guider ? Comment guider les êtres humains ? Comment justifier la gouvernance ? De nos jours, guider ne peut avoir qu'un seul objectif: mener l'autre vers l'autonomie, sinon il y a discrédit. Lorsque le guide ne veut pas guider vers l'autonomie, il abuse de celui qu'il guide. La guidance laisse libre dès lors qu'elle aspire à se rendre elle-même superflue. Si elle ne le fait pas, elle se met au service de la dépendance. La question est celle-ci: à quoi sert le guide? Sert-il la liberté ou la dépendance?

Prenons comme exemple le tango. Là, c'est l'homme qui guide la femme. On pourrait supposer que c'est lui qui décide et qui montre le chemin. C'est tout à fait faux: le cavalier conduit sa cavalière pour se mettre au service de ses mouvements. Il ne dirige pas ses mouvements, mais lui fournit l'espace où ils peuvent se déployer. Il s'agit d'un fin jeu d'ensemble.

Pour la danseuse, l'idéal est de s'accorder totalement avec le danseur, de s'engager entièrement dans l'espace qu'il a créé et de le savourer. Elle participe de tout son être sans pour autant s'aliéner. L'abnégation qui mène au renoncement n'a pas d'intérêt, s'empêcher d'affirmer son autonomie non plus. Refuser de s'engager, ce n'est pas être indépendant.

Le mot magique qui unit le couple s'appelle confiance. Les danseuses qui savent s'adonner en toute confiance sans pour autant renier leur talent sont très sollicitées. Ce sont elles qui permettent aux hommes de se dépasser. Les femmes méfiantes crispent les hommes et leur donnent deux jambes gauches. C'est pareil pour les femmes guidées par des hommes méfiants et par ceux qui comprennent mal comment guider. Elles ne peuvent se laisser aller si l'homme ne veut rien ou veut tout. Elles lui marchent alors sur les pieds ou sur ceux des danseurs voisins.

Guider au service du mouvement de l'autre. S'abandonner sans renoncer à soi. Voilà les défis du tango argentin. Lorsque les deux danseurs sont de fins pratiquants de cette danse, on ne peut pas reconnaître qui mène ou se laisse mener. Les deux mènent dans des espaces de liberté dans lesquels jamais ils n'auraient pu pénétrer l'un sans l'autre. Le guidage se transforme en une exploration d'espaces de liberté. Jadis, quand on parvenait à diriger les êtres humains pour leur faire exécuter un travail, cela était considéré comme un succès. C'est ainsi que furent créés les pyramides et le tunnel du Saint Gothard. À l'avenir on parlera de succès lorsqu'on aura rendu les autres capables d'actes responsables.

Le bon éducateur n'est pas celui qui a un plus grand savoir, mais celui qui se met au service de son élève. Le bon patron n'est pas celui qui dirige son personnel, mais celui qui se met au service des personnes. Le bon politicien n'est pas celui qui est son propre représentant, mais celui qui se met au service des électeurs. La liberté est une «danse chaleureuse». Être libre ne signifie pas être isolé. Être libre signifie être capable de se lier. La liberté, on ne peut ni l'acheter, ni la décréter, mais on peut la rendre possible en favorisant l'autonomie et la responsabilité. Jusqu'à présent la liberté était quelque chose qu'il fallait conquérir ou acquérir. Il a fallu d'abord s'émanciper de la nature, puis des autorités, pour finalement conquérir les droits citoyens, réanimer la démocratie, obtenir de meilleures conditions de travail, lutter pour l'anticipation et la libre économie de marché. À l'avenir, la liberté n'aura plus besoin d'être conquise aussi durement, il faudra avant tout la saisir.

Jadis c'était les structures extérieures qui organisaient la cohérence sociale. C'était le cadre de notre naissance qui déterminait notre avenir. Les liens du sang nous portaient, tout en nous emprisonnant. Les règles étaient inflexibles. Il ne serait venu à l'esprit d'aucun valet de devenir le maître. Nous nous sommes libérés de tout cela et nous nous sommes individualisés. La liberté est possible pour chacun.

Les relations empreintes de liberté, c'est l'avenir. Les affinités électives deviendront plus importantes. Celui qui voudra profiter des autres, se retrouvera au banc de la société. Celui qui mettra sa liberté au service des autres, entendra la musique de l'avenir, l'invitant à la danse.

Épilo

Épilogue

Et ensuite ?

Épilogue

Et ensuite?

Pourquoi n'avons-nous pas encore le revenu de base inconditionnel? Parce que nous ne pouvons pas encore renoncer à l'idée que les autres ne feront plus rien dès lors que leur existence sera garantie sans aucune condition. Mais aussi, parce que nous n'avons pas encore renoncé à ce que les autres soient obligés d'assurer. Et parce que nous n'avons pas encore admis que les autres aient la même responsabilité que nous.

Le revenu de base inconditionnel n'est pas une révolution. Jadis on allait chercher l'eau à la fontaine du village. De nos jours, partout où il y a un besoin en eau, il y a des robinets. Lorsqu'on eut l'idée de poser des conduites d'eau, les hésitations étaient nombreuses: il n'y aurait plus de rencontres près de la fontaine, nous serons séparés, et qui donc, s'il vous plaît, contrôlera que le robinet est bien fermé? Le revenu de base inconditionnel une fois introduit, sera aussi évident que le robinet.

Le revenu de base inconditionnel ne sert pas de complément, au contraire, c'est un renoncement aux obligations inutiles. Il laisse le champ libre aux possibles. Celui qui ne peut pas se dominer, aime dominer les autres. Le revenu de base inconditionnel encourage à être son propre maître.

───

La démocratie est une discussion permanente autour de questions prioritaires. Deux éléments se mêlent dans ce jeu. Le caractère obligatoire des lois et la possibilité de toujours les remettre en question et de les modifier. La fiabilité de la loi et son aménagement sont la base de la démocratie. L'initiative populaire suisse « pour un revenu de base inconditionnel » veut connaître les arguments qui se dressent contre une garantie inconditionnelle qui assurerait l'existence humaine.

Deviendrions-nous alors plus paresseux ou plus libres ? Dangereux ou accommodants ? Motivés ou sans énergie ? Le dimanche soir du référendum apparaîtront à la télévision deux diagrammes pour les voix « Oui » et « Non ». Certains « Oui » seront étayés par de bonnes raisons, mais il y aura nettement plus de « Non », pour de multiples raisons.

La plupart douteront, il est vrai, mais continueront de se poser des questions : oui, mais qui donc fera le sale boulot ? Oui, mais comment le financer ? Oui, mais cela ne supprimera-t-il pas l'État social ? Oui, mais qui continuera alors à suivre une formation ? Le meilleur « Oui » sera celui qui incitera la réflexion.

Les initiatives populaires n'ont nul besoin d'être acceptées pour être couronnées de succès. Lorsqu'en 1989 la Suisse vota au sujet de la fin de l'armée, les 36% de votants pour le oui ont montré le commencement de la fin de l'armée. Autrefois, une carrière militaire était la condition pour une ascension dans le domaine économique ou social. Aujourd'hui, celui qui ne peut renoncer à être militaire, semble plutôt avoir un problème d'autorité. L'initiative populaire eut comme effet, malgré l'absence de majorité, d'entraîner un changement fondamental au sein de l'armée, un Suisse sur trois étant prêt à la supprimer. La chute du mur de Berlin en 1989 y contribua beaucoup.

Combien de murs conceptuels tomberont-ils avant que le revenu de base inconditionnel ne soit introduit? Sans lui, le travail sera-t-il encore possible? Le pouvoir d'achat va-t-il s'effondrer? Sera-t-il un remède contre l'instabilité? En tout cas le revenu de base inconditionnel finira par s'imposer par pragmatisme et pas par idéalisme. Il s'imposera au plus tard lorsque plus rien ne fonctionnera.

Habituellement nous parlons d'utopie lorsque quelqu'un parle de quelque chose que nous ne voulons pas, ou que nous ne pouvons nous représenter. Celui qui propose quelque chose veut provoquer un changement. Celui qui n'en veut pas, saisit aussitôt le terme d'utopie pour défendre le statu quo. Voilà qui est contradictoire. Si quelque chose est utopique, c'est à dire irréalisable, il est inutile de s'y opposer, on peut le considérer sans craintes et sans scrupules. Si le revenu de base inconditionnel était une utopie, il ne serait pas combattu.

L'initiative populaire «pour un revenu de base inconditionnel» propose de garantir sans condition la part du revenu absolument nécessaire pour vivre. Il n'est pas raisonnable que dans la surabondance règne la pénurie, et dans une société libre la dépendance.

Le revenu de base inconditionnel n'exige rien, il ne s'agit pas d'un «plus» pour les uns, et d'un «moins» pour les autres. Il s'agit de garantir ce qui sécurise chacun, ni plus ni moins. Aucun revenu de base n'est utopique.

Anno

Annexe

Les bases du référendum

Le référendum pour un revenu de base inconditionnel. De quoi s'agit-il?

Il s'agit de l'enregistrement de l'article 110a dans la Constitution Fédérale Suisse :

Art. 110a (nouveau) Revenu de base inconditionnel

1. La Confédération veille à l'instauration d'un revenu de base inconditionnel.
2. Le revenu de base doit permettre à l'ensemble de la population de mener une existence digne et de participer à la vie publique.
3. La loi règle notamment le financement et le montant du revenu de base.

Qu'est-ce que le revenu de base inconditionnel?

Le revenu de base inconditionnel est un droit fondamental. Le revenu de base inconditionnel garantit la part de revenu qui couvre les besoins de base. Le revenu de base inconditionnel est une rente mensuelle, suffisante pour vivre, versée individuellement à chaque personne, de la naissance à la mort, quels que soient ses autres revenus ou sa fortune donc sans conditions de ressources ni obligation de travail.

Qui reçoit le revenu de base inconditionnel ?

Le revenu de base inconditionnel est versé à l'ensemble de la population d'un pays, donc à tous ceux qui y vivent légalement. Une mesure spécifique peut régler les modalités du revenu de base pour les migrants et les immigrants.

Quel montant pour le revenu de base inconditionnel ?

Le revenu de base inconditionnel doit permettre une existence digne et la participation à la vie publique. En Suisse il faut compter 2500 Francs Suisses pour répondre à ces critères. Les enfants ont besoin de moins. Le montant du revenu de base inconditionnel est une décision politique.

Comment transférer le revenu de base inconditionnel ?

Le transfert du revenu de base inconditionnel reste encore à définir. Soit il sera facturé directement au montant des dépenses (finale de la taxe sur la consommation) ou indirectement par la mesure du chiffre d'affaires (appliquer comme puissance nominale). Quoi qu'il en soit, le revenu de base inconditionnel est une composante de coût des taux.

Comment financer le revenu de base inconditionnel ?

Le financement du revenu de base inconditionnel est monétairement une opération à coût zéro. Puisque tout le monde recevra un revenu de base inconditionnel, le revenu existant, en principe, s'alignera au niveau du revenu de base inconditionnel. En conséquence, pour l'État et les entreprises le coût du revenu qu'ils paient se réduit à la hauteur du montant du revenu de base inconditionnel. Le coût total restera le même, puisque les dépenses pour financer le revenu de base inconditionnel augmenter ont en conséquence.

Combien coûte ce revenu de base inconditionnel?

Nous recevons tous et toutes déjà un revenu de base conditionnel, sinon comment vivre aujourd'hui? Ce qui est nouveau au revenu de base inconditionnel c'est son inconditionnalité. Le revenu de base inconditionnel n'est pas une question d'argent, mais surtout une question de confiance. Si nous devenons tous inactifs en raison de son inconditionnalité, à long terme le revenu de base inconditionnel ne serait pas finançable.

Un exemple de gestion d'entreprise

Supposons un bénéfice de 7500 Francs Suisses par mois. Avec un revenu de base inconditionnel cela se compose comme suit: 2500 Francs Suisses en revenu de base inconditionnel et 5000 Francs Suisses de gains. Le revenu total reste le même: 7500 Francs Suisses.

Le contexte économique

Le volume de l'ensemble des revenus de base inconditionnelles Suisse est d'environ 200 milliards de Francs Suisses par an. Ceci correspond à environ un tiers du Produit Intérieur Brut. De ces 200 milliards Francs Suisses du revenu gagné existant, 130 milliards de Francs Suisses peuvent être converti en revenu de base inconditionnel. Les 70 milliards de Francs Suisses restants sont des revenus de transfert de l'État existants, ce qui peut rendre inconditionnel le revenu de base.

Glossaire des malentendus

Un salaire pour tous

Un salaire est une rémunération pour les prestations d'un travailleur. Contrairement à toutes les formes de salaire, le revenu de base inconditionnel n'est pas lié à un service rendu. Il est inconditionnel. Ce n'est pas un paiement. Le salaire est ce que l'on mérite en échange d'un travail. Le revenu de base inconditionnel est indispensable pour tout travail.

De l'argent pour rien

Croire que le revenu de base inconditionnel est là pour ne pas travailler est une erreur ! Il libère dans le but de travailler, de s'engager, de prendre des initiatives. L'erreur repose sur la supposition que le travail n'est rien d'autre qu'une mesure coercitive. Si on en croit cette idée erronée, nous ne ferons plus rien, dès lors que nous ne serons plus obligés de faire quelque chose. Le revenu de base inconditionnel n'enlève pas la motivation au travail, au contraire, il la renforce en empêchant que pour des raisons de survie on soit contraint à faire de sales boulots.

Plus d'argent

Beaucoup de gens pensent que le revenu de base inconditionnel est certes une bonne idée mais que, malheureusement, celle-ci n'est pas finançable. Pourtant, comme le revenu de base inconditionnel assure la sécurité de l'existence, il libère de ce rôle les autres rémunérations. Les salaires et les assurances sont au cœur de cette situation et, en fait, seul celui qui toucherait aujourd'hui moins que le revenu de base inconditionnel serait finalement gagnant. Cet investissement sera rentabilisé par un meilleur pouvoir d'achat et une meilleure motivation pour s'impliquer dans une telle société.

Moins d'État social

Le revenu de base inconditionnel ne rend pas inutile les assurances sociales. Il remplace celles qui existent jusqu'à hauteur de son montant, alors les faire baisser éventuellement au niveau du revenu de base inconditionnel est un artifice néolibéral, un piège dans lequel tombent les sociaux-démocrates, craignant que le revenu de base inconditionnel puisse compromettre leur droit actuel aux allocations. C'est le contraire qui est vrai : le revenu de base inconditionnel organise les allocations en donnant des possibilités de financement complémentaires.

On ne le distribuera qu'aux bons citoyens

Un malentendu fréquent assure que le revenu de base inconditionnel ne concerne que les gens bien. Il présuppose une image idéaliste de l'être humain et comme celui-ci n'est pas seulement bon, le fait que le revenu de base inconditionnel soit bon en soi, apparaît alors irréaliste. Derrière tout cela il y a l'idée qu'on ne doit pas garantir l'existence de quelqu'un sans qu'il n'accomplisse quelque chose de bon. Cela inverse le sens du revenu de base inconditionnel : en tant que communauté nous ne sommes pas responsables des fautes des particuliers, mais nous leur permettons d'en faire sans perdre le revenu de base. Le revenu de base inconditionnel ne part pas du principe que l'être humain est bon mais aide chaque individu à montrer son bon côté.

Les sales boulots resteront en rade

Et qui fera les sales boulots ? Cette question est une des favorites et émerge sous des aspects les plus divers : Le revenu de base inconditionnel ne donnerait-il pas de fausses stimulations ? Pourquoi travailler encore si on touche un revenu de base ? Qui donc travaillerait encore bénévolement ? Tous ces aspects ont ceci de commun que cette question n'en est pas une, mais qu'elle est une affirmation sous forme interrogative. La vraie question s'énonce : Qu'est ce qui fait d'un travail un sale boulot? Qu'il élimine la saleté? Qu'il soit mal rémunéré? Que nous ne l'estimions pas? Ce n'est pas le travail qui est sale, ce sont les circonstances. C'est cela que le revenu de base inconditionnel dévoile: il nettoie le travail sale.

Un danger d'inflation

Celui qui est d'avis que le revenu de base inconditionnel est un revenu supplémentaire et non basique, craint en même temps qu'il soit inflationniste. Cependant, puisqu'en principe le revenu de base inconditionnel ne signifie pas, pour le particulier, plus d'argent, mais de l'argent inconditionnel, ni les revenus, ni les prix ne seront modifiés. Dans certains cas, des prix ou des revenus pourront grimper qui jusque-là étaient trop bas, d'autres baisseront qui étaient trop élevés.

Un instrument de redistribution

Le souhait ou la crainte d'assister à une lutte entre pauvres et riches est manifeste. Pourtant le revenu de base inconditionnel ne souhaite pas cela et ne suscite pas cette crainte. Il ne distribue pas de l'argent mais du pouvoir. Il donne à chacun le pouvoir de ne pas être écrasé par le pouvoir de l'argent.

Il faudrait l'instaurer partout dans le monde

L'argument n'est pas rare de prétendre qu'il est immoral d'instaurer le revenu de base inconditionnel dans la grasse Suisse, aussi longtemps que ça va mal dans d'autres pays, sans parler des millions d'affamés partout dans le monde. Il est vrai qu'il est dérisoire de s'occuper ici des problèmes des privilégiés alors qu'ailleurs règne une misère existentielle. Malgré tout, c'est un faux prétexte contre le revenu de base inconditionnel. Évidemment, une fois instauré en Suisse, il ne résoudra pas le problème alimentaire mondial. Mais ne pas s'imaginer faire quelque chose de bien parce qu'autre part cela ne se réalise pas, c'est de la courte vue. Le revenu de base inconditionnel permet de guérir cette myopie et d'élargir le regard sur ce qui va mal ailleurs.

Un appel d'air pour les migrants

Tous les migrants ne se précipiteront-ils pas en Suisse lorsque sera instauré le revenu de base inconditionnel? Non! Le droit migratoire règle la loi sur l'immigration. Le problème de la migration se pose indépendamment du revenu de base inconditionnel. De plus, les motifs qui poussent à émigrer se trouvent moins dans les pays d'accueil que dans les pays d'origine. D'aucuns prétendent que le revenu de base inconditionnel sert à acheter le silence, à faire fermer son clapet, un calmant monétaire pour rester tranquille, ne pas résister. Toutes ces craintes sont infondées. Le revenu de base inconditionnel est versé sans conditions, chacun décide ce qu'il en fera. Il permet de faire entendre sa voix.

Une prime familiale

Lorsqu'on perçoit, ainsi, tout simplement de l'argent, cela doit cacher quelque chose. Personne ne reçoit, ainsi, un cadeau. Que se cache-t-il derrière le revenu de base inconditionnel? Une prime au foyer? De l'argent pour relier les hommes et les femmes émancipées au foyer? Cette crainte est infondée. Le revenu de base inconditionnel est donné inconditionnellement. Chacun décidera de ce qu'il en fera. D'autres prétendent que le revenu de base inconditionnel est une prime au silence. C'est une sorte de pilule monétaire pour nous faire tenir tranquille et nous museler. Ça aussi c'est aberrant, le revenu de base inconditionnel n'est pas le prix du silence, c'est de l'argent pour faire entendre sa voix.

Note

Notes

Notes

[1] Ludwig Hohl: Die Notizen oder Von der unvoreiligen Versöhnung, Frankfurt 1984, p. 32.

[2] Cf. Jean Ziegler: Wir lassen sie verhungern. Die Massenvernichtung in der Dritten Welt, Munich 2013.

[3] Cf. Georges Bataille: Das theoretische Werk I: Die Aufhebung der Ökonomie, Munich 1975.

[4] Peter Sloterdijk: Laudatio für Götz W. Werner anlässlich seiner Aufnahme in die Hall of Fame des Manager Magazins, 06/13/2012, URL: http://www.unternimm-die-zukunft.de/media/medialibrary/2012/06/laudatio_sloterdijk.pdf (05/30/2015).

[5] Cf. Deutsches Institut für Wirtschaftsforschung: Chinas Wirtschaft—–Wie geht es weiter?, DIW Wochenbericht, no. 41/2013, URL: http//www.diw.de/documents/publikationen/73/diw_01.c.429028.de/13-41.pdf (05/30/2015).

[6] Cf. Bundesamt für Statistik: Sparquote privater Haushalte, 09/03/2013, URL: http://www.bfs.admin.ch/bfs/portal/de/index/themen/00/09/blank/ind42.indicator.420004.420001.html (05/30/2015).

[7] Rolf Zimmerman: "Vollbeschäftigung bleibt das Ziel," Die Wochenzeitung, no. 16/2012, URL: https://www.woz.ch/-29e1 (05/30/2015).

[8] Cf. Lutz Haverkamp: Angela Merkel erklärt Vollbeschäftigung zum politischen Ziel, Der Tagesspiegel, 09/09/2013, URL: http://www.tagesspiegel.de/politik/ard-wahlarena-angela-merkel-erklaert-vollbeschaeftigung-zum-politischen-ziel/8765294 (05/30/2015)

[9] Jeremy Rifkin: "Wir verlieren unsere Arbeit an Maschinen," The European, no. 1/2015, URL: http://www.theeuropean.de/jeremy-rifkin/9333-die-zukunft-der-arbeitswelt (05/30/2015).

[10] Cf. Joachim Laukenmann: Menschheit steht vor dem größten Umbruch seit der industriellen Revolution, Sonntagszeitung, no. 1/2015, URL: http//www.sonntagszeitung.ch/read/sz_04_01_2015/gesellschaft/Menschheit-steht-vor-dem-groessten-Umbruch-seit-der-industriellen-Revolution-23180 (05/30/2015).

[11] Jeremy Rifkin: The End of Work: The Decline of the Global Labor Force and the Dawn of the Post-Market Era, New York 1995, p. 235.

[12] Robert Solow: Arbeit ohne Ende, The European, no. 3/2013, URL: http://www.theeuropean.de/robert-solow/7088-angst-vor-der-automatisierung-der-arbeit (05/30/2015).

[13] Theo Wehner, Sascha Liebermann: "Das bedingungslose Grundeinkommen macht nicht faul," Zeit Online, 12/30/2011, URL: http://www.zeit.de/politik/deutschland/2011-12/bedingungsloses-grundeinkommen-interview (05/30/2015).

[14] Cf. The Economist: The next supermodel, 02/02/2013, URL: http://www.economist.com/news/leaders/21571136-politicians-both-right-and-left-could-learn-nordic-countries-next-supermodel (05/30/2015).

[15] Cf. Jürgen Hoffmann, Roboter erobern deutsche Haushalte, Spiegel Online, 04/06/2013, URL: http://www.spiegel.de/wirtschaft/robotik-roboter-erobern-haushalte-a-888178.html (05/30/2015).

[16] Cf. Sandra Schulz: Paro, der Glücklichmach-Roboter, Spiegel Online, 10/24/2006, URL: http://www.spiegel.de/panorama/gesellschaft/pluesch-tech-fuer-senioren-paro-der-gluecklichmach-roboter-a-443593.html (05/30/2015).

[17] 2 Thessalonians 3:10.

[18] Cf. Götz W. Werner: Einkommen für alle. Der dm-Chef über die Machbarkeit des bedingungslosen Grundeinkommens, Cologne 2007, pp. 60f.

[19] Bertolt Brecht: Die Dreigroschenoper, Frankfurt 1968, p. 70.

[20] Cf. André Gorz: Paths to Paradise: On the Liberation from Work, London & Ann Arbor 1985.

[21] Cf. Helmut Gold (ed.): Wer nicht denken will, fliegt raus. Joseph Beuys Postkarten, Heidelberg 1998.

[22] Wassily Leontief: Input-Output-Economics, New York 1986, p. 372.

[23] Cf. Claudia Aebersold: Zahnpastaverkäufer und Philanthrop, Neue Zürcher Zeitung, 01/12/2014, URL: http://www.nzz.ch/wirtschaft/zahnpastaverkaeufer-und-philanthrop-1.18219733 (05/30/2015).

[24] Cf. Hannah Arendt: The Human Condition, Chicago & London 1958, p. 5.

[25] Cf. Steve Denning: Is Montessori the Origin of Google & Amazon?, Forbes, 02/08/2011, URL: http://www.forbes.com/sites/stevedenning/2011/08/02/is-montessori-the-origin-of-google-amazon/ (05/30/2015).

[26] Cf. Daniel H. Pink: Drive: The Surprising Truth About What Motivates Us, New York 2009.

[27] Cf. Uri Gneezy, Aldo Rustichini: Pay Enough or Don't Pay at All, Quarterly Journal of Economics, no. 115/2000, pp. 791-810, URL: http://pages.uoregon.edu/harbaugh/Readings/Misc%20experimental/gneezy%202000%20QJE%20pay%20enough.pdf (05/30/2015).

[28] Cf. Matthias Benz, Bruno S. Frey: The value of doing what you like. Evidence from the self-employed in 23 countries, Journal of Economic Behavior & Organization, no. 68/2008, p. 445-4558, URL: http://www.hanley.wiso.uni-kiel.de/downloads/seminar-2014/seminar_benz_sme.pdf (05/30/2015).

[29] Matthew 4:4.

[30] Karl-Martin Dietz: Führung: Was kommt danach? Perspektiven einer Neubewertung von Arbeit und Bildung, Karlsruhe 2011, p. 32.

[31] Cf. Wolfgang Brückner: "Arbeit macht frei." Herkunft und Hintergrund der KZ-Devise, Opladen 1998.

[32] Cf. Arena: Geld für alle: Vision oder Spinnerei? Schweizer Fernsehen SRF, 04/27/2012, URL: http://www.srf.ch/play/tv/arena/video/geld-fuer-alle-vision-oder-spinnerei?id=b657de9a-7fad-4920-953c-df1bfe5b59aa (05/30/2015).

[33] Michael Schoenenberger: Das Grundeinkommen raubt dem Menschen seine Freiheit, Neue Zürcher Zeitung, 04/13/2012, URL: http://www.nzz.ch/aktuell/startseite/das-grundeinkommen-raubt-dem-menschen-seine-freiheit-1.16412086 (05/30/2014).

[34] Rudolf Strahm: Süßer Traum: Das bedingungslose Grundeinkommen, Infosperber, 06/12/2012, URL: http://www.infosperber.ch/FreiheitRecht/Susser-Traum-Das-bedingungslose-Grundeinkommen (05/30/2015).

[35] Philipp Müller, Daniel Häni: "Epochale Entscheidung"––"Jeder Anreiz fällt weg," Aargauer Zeitung, 10/17/2012, URL: http://www.grundeinkommen.ch/wp-content/uploads/Aargauer_Zeitung_Mittwoch_17_Oktober_20121.pdf (05/30/2015).

[36] Katja Gentinetta: Freiheit für alle––Verantwortung für alle andern, philosophie.ch, 11/21/2014, URL: http://blogs.philosophie.ch/grundeinkommen/2014/11/21/freiheit-fuer-alle-verantwortung-fuer-alle-andern/ (05/30/2015).

[37] Reiner Eichenberger: "Ein Grundeinkommen führt zur Knechtschaft und nicht zur Freiheit," Neue Zürcher Zeitung, 12/06/2010, URL: http://www.nzz.ch/aktuell/startseite/ein-grundeinkommen-fuehrt-zur-knechtschaft-und-nicht-in-die-freiheit-1.8572095 (05/30/2015).

[38] Gregor Gysi: Frage zum Thema Demokratie und Bürgerrechte, abgeordnetenwatch.de, 11/26/2012, URL: http://www.abgeordnetenwatch.de/dr_gregor_gysi-575-37621--f362022.html#q362022 (05/30/2015).

[39] Beat Kappeler: Bedingungsloses Grundeinkommen ist unüberlegt, unliberal, asozial, Neue Zürcher Zeitung, 03/27/2011, URL: http://www.nzz.ch/aktuell/startseite/mein-standpunkt-bedingungsloses-grundeinkommen-ist-unueberlegt-unliberal-asozial-1.10040045 (05/30/2015).

[40] Christoph Mörgeli: Schlaraffenland und Steuerhölle, Weltwoche, no. 41/2013, URL: http://www.weltwoche.ch/ausgaben/2013-41/moergeli-schlaraffenland-und-steuerhoelle-die-weltwoche-ausgabe-412013.html (05/30/2015).

[41] Patrick Feuz: So werden wir nicht glücklicher, Tages-Anzeiger, 08/30/2014, URL: http://www.tagesanzeiger.ch/schweiz/standard/So-werden-wir-nicht-gluecklicher/story/22006694 (05/30/2015).

[42] Hansueli Schöchli: Per Dekret ins Paradies, Neue Zürcher Zeitung, 10/02/2013, URL: http://www.nzz.ch/aktuell/startseite/per-dekret-ins-paradies-1.18159926 (05/30/2015).

[43] Cf. Balz Ruchti, Yaël Debelle, Peter Johannes Meier: Geld für alle: Kann das gutgehen? Beobachter, no. 20/2013, URL: http://www.beobachter.ch/geld-sicherheit/sozialhilfe/artikel/bedingungsloses-grundeinkommen_geld-für-alle-kann-das-gutgehen/ (05/30/2015).

[44] Daniela Schneeberger: Das bedingungslose Grundeinkommen ist bedingungslos abzulehnen, Tages-Anzeiger, 10/14/2013, URL: http://politblog.tagesanzeiger.ch/blog/index.php/author/daniela-schneeberger/?lang=de (05/30/2015).

[45] Manfred Rösch: "Komfortable Stallfütterung," Finanz und Wirtschaft, 10/15/2013, URL: http://www.fuw.ch/article/komfortablestallfutterung-2/ (05/30/2015).

[46] Oswald Sigg, Corrado Pardini: Streit um eine Utopie, Tageswoche, 10/12/2012, URL: http://www.tageswoche.ch/de/2012_41/schweiz/469680/ (05/30/2015).

[47] Lukas Rühli: Einkommen ohne Grund. Warum das bedingungslose Grundeinkommen keines seiner Versprechen hält, avenir standpunkte, no. 5/2014, URL: http://www.avenir-suisse.ch/wp-content/uploads/2014/04/as_grundeinkommen_hp.pdf (05/30/2015).

[48] Rainer Hank, Götz W. Werner: Brüderlichkeit und Grundeinkommen: Wie funktioniert heute Solidarität?, SWR2 Forum, 09/02/2010, URL: http://www.swr.de/swr2/service/audio-on-demand/-/id=661264/did=6845716/pv=mplayer/vv=popup/nid=661264/dannwo/index.html (05/30/2015).

[49] Otfried Höffe: Das Unrecht des Bürgerlohns, Frankfurter Allgemeine Zeitung, 12/22/2007.

[50] Cf. Klipp & Klar: 150 Euro fürs Nichtstun! Grundeinkommen statt Hartz IV?, RBB, 09/26/2006, URL: http://www.rbb-online.de/_/klippundklar/beitrag_jsp/key=rbb_beitragex_4828440.html (05/30/2015).

[51] Wolfgang Kersting: Theorien der sozialen Gerechtigkeit, Stuttgart 2000, pp. 272f.

[52] Julian Nida-Rümelin: Zur Kritik der Idee eines bedingungslosen Grundeinkommens, Neue Gesellschaft/Frankfurter Hefte, no. 7-8/2008, URL: http://www.frankfurter-hefte.de/upload/Archiv/2008/Heft_07-08/NGFH_Jul-Aug_08_Archiv_Nida-Rmelin.pdf (05/30/2015).

[53] Angela Merkel: Enquete Kommission Grundeinkommen, direktzu.de, 02/08/2008, URL: http://www.direktzu.de/kanzlerin/messages/15587 (05/30/2015).

[54] Sahra Wagenknecht: Frage zum Thema Soziales, abgeordnetenwatch.de, 05/14/2008, URL: http://www.abgeordnetenwatch.de/sarah_wagenknecht_niemeyer-651-12385--f105280.html#q105280 (05/30/2015).

[55] Oswald Metzger: "Ich bin auf dem Sprung," Stern Online, 11/202007, URL: http://stern.de/politik/deutschland/oswald-metzger-ich-bin-auf-dem-sprung-603071.html (05/30/2015).

[56] Norbert Blüm: Wahnsinn mit Methode, Die Zeit, no. 17/2007, URL: http://www.zeit.de/2007/17/Grundeinkommen (05/30/2015).

[57] Heiner Flassbeck: Helikoptergeld—oder wer über das Kuckucksnest fliegt, flassbeck-economics, 03/11/2015, URL: http://www.flassbeck-economics.de/helikoptergeld-oder-wie-springt-man-ueber-das-kuckucksnest/?output=pdf (05/30/2015).

[58] Cf. Schweizerischer Bundesrat: Botschaft zur Volksinitiative "Für ein bedingungsloses Grundeinkommen," Bundesblatt, no. 37/2014, URL: https://www.admin.ch/opc/de/federal-gazette/2014/6551.pdf (05/30/2015).

[59] Bruno S. Frey: Wie vertragen sich direkte Demokratie und Wirtschaft?, Neue Zürcher Zeitung, 03/19/2014, URL: http://www.nzz.ch/meinung/debate/wie-vertragen-sichdirekte-demokratie-und-wirtschaft-1.18265687 (05/30/2015).

[60] Andreas Gross: Das Grundeinkommen und das Selbstverständnis der Demokratie. Redebeitrag anlässlich der Basler Tagung der Stiftung Kulturimpuls Schweiz, 01/25/2014, URL: http://www.andigross.ch/ (05/30/2015).

[61] Cf. Felix Schindler: Volk schmettert Mindestlohn ab, Tages-Anzeiger, 05/18/2014, URL: http://www.tagesanzeiger.ch/schweiz/standard/Volk-schmettert-Mindestlohn-ab/story/31933204 (05/30/2015).

[62] Cf. Raphaela Birrer: 1:12-Initiative scheitert mit 65,3 Prozent, Tages-Anzeiger, 11/24/2013, URL: http://www.tagesanzeiger.ch/schweiz/standard/112Initiative-scheitert-mit-653-Prozent/story/12027169 (05/30/2015).

[63] Stefan Brotbeck: Vergällte Freiheit? Zur Phänomenologie der Unfreiheit, in: Götz W. Werner, Peter Dellbrügger (eds.): Wozu Führung? Dimensionen einer Kunst, Karlsruhe 2014, p. 3; cf. Stefan Brotbeck: Heute wird nie gewesen sein. Aphorismen, Basel 2011, p. 129.

[64] Cf. Peter Normann Waage: Ich. Eine Kulturgeschichte des Individuums, Stuttgart 2014.

[65] Arno Widmann: Familie als Lebensabschnitt, Berliner Zeitung, 02/12/2014, URL: http://www.berliner-zeitung.de/meinung/leitartikel-zum-elternunterhalt-familie-als-lebensabschnitt,10808020,26175988.html (05/30/2015).

[66] Gustav Radbruch: Vorschule der Rechtsphilosophie, Göttingen 1959, p. 25.

[67] Thomas Paine: Agrarian Justice, in: Mark Philip (ed.): Thomas Paine: Rights of Man, Common Sense, and Other Political Writings, Oxford 1995, p. 420.

[68] Cf. BIEN-Schweiz (ed.): Die Finanzierung eines bedingungslosen Grundeinkommens, Zurich 2010; Dirk Jacobi, Wolfgang Strengmann-Kuhn (eds.): Wege zum Grundeinkommen, Berlin 2012; Helmut Pelzer: Das bedingungslose Grundeinkommen. Finanzierung und Realisierung nach dem mathematisch fundierten Transfergrenzen-Modell, Stuttgart 2010; Thomas Straubhaar (ed.): Bedingungsloses Grundeinkommen und Solidarisches Bürgergeld––mehr als sozialutopische Konzepte, Hamburg 2008; André Presse: Grundeinkommen. Idee und Vorschläge zu seiner Realisierung, Karlsruhe 2010; Götz W. Werner, Wolfgang Eichhorn, Lothar Friedrich (eds.): Das Grundeinkommen. Würdigung––Wertungen––Wege, Karlsruhe 2012; Götz W. Werner, André Presse (eds.): Grundeinkommen und Konsumsteuer. Impulse für "unternimm die zukunft," Karlsruhe 2007.

[69] Oswald von Nell-Breuning: Worauf es mir ankommt. Zur sozialen Verantwortung, Freiburg 1983, p. 62.

[70] Cf. Daniel Häni, Enno Schmidt: Grundeinkommen. Das Heft zum Film, Basel 2008, p. 12.

[71] Cf. Max Weber: Wirtschaft und Gesellschaft. Grundriss der verstehenden Soziologie, Tübingen 2002.

[72] Cf. Hannah Arendt: Macht und Gewalt, Munich 2003.

[73] Götz W. Werner: "Das manische Schauen auf Arbeit macht uns alle krank," Stern, no. 17/2006, URL: http://stern.de/wirtschaft/job/grundversorgung-das-manische-schauen-auf-arbeit-macht-uns-alle-krank-560218.html (05/30/2015).

[74] Jean Ziegler: Zeit ist menschliches Leben, a tempo, no. 10/2006.

[75] Peter Ulrich: Der Kapitalismus hat nicht gesiegt, Südkurier, 05/21/2005, URL: http://www.aktive-demokraten.de/pdfs/Suedkurier-21-05-05.pdf (05/30/2015).

[76] Oswald Sigg: "Es braucht eine AHV ab dem ersten Lebensjahr!," Tages- Anzeiger, 08/27/2014, URL: http://www.tagesanzeiger.ch/schweiz/standard/Es- braucht-eine-AHV-ab-dem-ersten-Lebensjahr/story/29119687 (05/30/2015).

[77] Marina Weisband: "Vollbeschäftigung halte ich für rückständig," Kurier, 09/27/2013, URL: http://kurier.at/politik/ausland/marina-weisband-im-interview-ueber-politik-piraten-und-plaene/28.547.414 (05/30/2015).

[78] Cf. Eco: Klaus W. Wellershoff zum Grundeinkommen, Schweizer Fernsehen SRF, 04/18/2011, URL: http://www.srf.ch/play/tv/eco/video/klaus-wellershoff-zum-grundeinkommen?id=472cf99f-e8bc-4cfd-89a4-b6736f-6f0ab6 (05/30/2015).

[79] Linard Bardill: Debattiert, Leute! Coopzeitung, no. 20/2012, URL: http://www.coopzeitung.ch/3838704?rs.score=1&rs.name=pageRating&rs.item=cbi%3-A%2F%2F&2Fcms%2F3838707 (05/30/2015).

[80] Cf. Balz Ruchti, Yaël Debelle, Peter Johannes Meier: Geld für alle: Kann das gutgehen? Beobachter, no. 20/2013, URL: http://www.beobachter.ch/geld-sicherheit/sozialhilfe/artikel/bedingungsloses-grundeinkommen_geld-für-alle-kann-das-gutgehen/ (05/30/2015).

[81] Ralph Boes: Bedingungsloses Grundeinkommen––Wie ist das zu denken?, BbG Berlin, URL: http://www.buergerinitiative-grundeinkommen.de/fuer-grundein-kommen/sheets/TEXT%20WAHL.pdf (05/30/2015).

[82] Hans-Christian Ströbele: Frage zum Thema Soziales, abgeordnetenwatch.de, 11/24/2012, URL: http://www.abgeordnetenwatch.de/hans_christian_stroebele-575-37994--f361880.html#q361880 (05/30/2015).

[83] Katja Kipping: Trojanisches Pferd für 950 Euro, n-tv, 03/05/2009, URL: http://www.n-tv.de/politik/dossier/Trojanisches-Pferd-fuer-950-Euro-article5877-2.html (05/30/2015).

[84] Susanne Wiest: Rede vor dem Petitionsausschuss des Deutschen Bundes-tages, 11/08/2010, URL: http://www.archiv-grundeinkommen.de/petitionen/susanne-wiest/20101108-Rede-Susanne-Wiest-Bundestag-Petitionsausschuss.pdf (05/30/2015).

[85] Claus Offe: Familienleistung jenseits der Marktarbeit––das bedingungslose Grundeinkommen, in: Kurt Biedenkopf, Hans Bertram, Elisabeth Niejahr: Starke Familie––Solidarität, Subsidiarität und kleine Lebenskreise. Bericht der Kommis-sion "Familie und demographischer Wandel" der Robert Bosch Stiftung, Stuttgart 2009, p. 134.

[86] Michael Opielka: Grundeinkommen als umfassende Sozialreform––Zur Systematik und Finanzierbarkeit am Beispiel des Vorschlags Solidarisches Bürgergeld, in: Thomas Straubhaar (ed.): Bedingungsloses Grundeinkommen und Solidarisches Bürgergeld––mehr als sozialutopische Konzepte, Hamburg 2008, p. 168.

[87] Theo Wehner, Sascha Liebermann: "Das bedingungslose Grundeinkommen macht nicht faul," Zeit Online, 12/30/2011, URL: http://www.zeit.de/politik/deutschland/2011-12/bedingungsloses-grundeinkommen-interview (05/30/2015).

[88] Dieter Althaus: Grundeinkommen für alle? Eine machbare Revolution, Die Welt, 11/26/2007, URL: http://www.welt.de/debatte/kommentare/article6070- 690/ Grundeinkommen-fuer-alle-Eine-machbare-Revolution.html (05/30/2015).

[89] Thomas Straubhaar: Warum Grundeinkommen gut zu den Piraten passt, Die Welt, 05/13/2013, URL: http://www.welt.de/wirtschaft/article116116985/Warum-Grundeinkommen-gut-zu-den-Piraten-passt.html (05/30/2015).

[90] Kurt Regotz: Zur Volksinitiative für ein bedingungsloses Grundeinkommen, Schiffbau Zurich, 04/21/2012, URL: https://vimeo.com/42200047 (05/30/2015).

[91] Richard David Precht: "Schafft die Parteien ab!," Cicero, no. 7/2009, URL: http://www.cicero.de/salon/%E2%80%9Eschafft-die-parteien-ab%E2%80%9C/39869 (05/30/2015).

[92] Sascha Liebermann: Freiheit ermöglichen, Solidarität stärken, Leistung fördern––durch ein bedingungsloses Grundeinkommen für alle Bürger, in: Daniela Schneckenburger (ed.): Freiheit statt Vollbeschäftigung? Ein Reader zur Debatte um bedingungsloses Grundeinkommen und Grundsicherung, Düsseldorf 2006, p. 27.

[93] Jakob Augstein: Fairness ist Zufall, Spiegel Online, 02/10/2011, URL: http://www.spiegel.de/politik/deutschland/s-p-o-n-im-zweifel-links-fairness-ist-zufall-a-7- 44587.html (05/30/2015).

[94] Cf. Sternstunde Philosophie: David Graeber: Warum uns Schulden versklaven, Schweizer Fernsehen SRF, 10/13/2013, URL: http://www.srf.ch/play/tv/sternstundephilosophie/video/david-graeber---warum-uns-schulden-versklaven?id=58a 73fa9-24da-4068-ab1c-033cf285e590 (05/30/2015).

[95] Albert Wenger: Maschinen werden viele Jobs übernehmen, BR, 01/20/2015, URL: https://www.youtube.com/watch?v=xSBseloxS68&list=PLP4hePAK6Tv7SqRSfofz B9u2IalA_iUS&index=1 (05/30/2015).

[96] Philipp Löpfe: Wir müssen jetzt ernsthaft über ein bedingungsloses Grundeinkommen sprechen, watson.ch, 01/11/2015, URL: http:/www.watson.ch/!9000- 46946 (05/30/2015).

[97] Enno Schmidt: Das ist mir zu philosophisch, philosophie.ch, 12/11/2014, URL: http://blogs.philosophie.ch/grundeinkommen/2014/12/11das-ist-mir-zu-philosophisch/ (05/30/2015).

[98] Adolf Muschg: Gespräch über das bedingungslose Grundeinkommen, Theater Neumarkt Zurich, 02/25/2012, URL: https://vimeo.com/37668072 (05/30/2015).

[99] Adolf Muschg: Der Mensch beginnt da, wo er etwas nicht muss, grundeinkommen.tv, 10/04/2012, URL: http://grundeinkommen.tv/adolf-muschgzum-bedingungslosen-grundeinkommen/ (05/30/2015).

[100] Cf. Peter Sloterdijk: Streß und Freiheit, Berlin 2011, pp. 47f.

[101] Byung-Chul Han: Psychopolitik. Neoliberalismus und die neuen Machttechniken, Frankfurt 2014, p. 11.

[102] Cf. José Ortega y Gasset: Betrachtungen über die Technik. Der Intellektuelle und der Andere, Stuttgart 1949.

[103] Friedrich Schiller: Briefwechsel, Nationalausgabe, vol. 26, Weimar 1992, p. 299.

[104] Cf. Harry F. Harlow, Margaret Kuenne Harlow, Donald R. Meyer: Learning Motivated by a Manipulation Drive, Journal of Experimental Psychology, no. 40/1950, pp. 228-234, URL: http://psycnet.apa.org/journals/xge/40/2/228/ (05/30/2015).

[105] Cf. Edward L. Deci: Intrinsic Motivation, Extrinsic Reinforcement, and Inequity, Journal of Personality and Social Psychology, no. 22/1972, pp. 113-120, URL: http://www.selfdeterminationtheory.org/SDT/documents/1972_Deci_JPSP.pdf (05/30/2015).

[106] Cf. Edward L. Deci: Effects of Externally Mediated Rewards on Intrinsic Motivation, Journal of Personality and Social Psychology, no. 18/1971, pp. 105-115, URL: http://www.selfdeterminationtheory.org/SDT/documents/1971_Deci.pdf (05/30/2015).

[107] brand eins: Die Welt in Zahlen, no. 9/2009, URL: http://www.brandeins.de/archiv/2009/arbeit/ (05/30/2015).

[108] Lukas Rühli: "Ein unmoralisches Konzept," Pola rennt, 06/05/2014, URL: http://grundeinkommen.tv/pola-rennt-1-ein-unmoralisches-konzept-lukas-ruehli-avenir-suisse/ (05/30/2015).

[109] Michael Sennhauser: Grundeinkommen statt Lohn, Schweizer Radio DRS, 09/16/2008, URL: http://www.srf.ch/play/radio/popupaudioplayer?id=45cbfdf7-7938-4f7f-894c-e13724989bd9 (05/30/2015).

[110] Guido Kleinhubbert, Alexander Neubacher: Die Hartz-Fabrik, Der Spiegel, no. 1/2011, URL: http://magazin.spiegel.de/EpubDelivery/spiegel/pdf/76121041 (05/30/2015).

[111] Götz W. Werner: "Das manische Schauen auf Arbeit macht uns alle krank," Stern, no. 17/2006, URL: http://stern.de/wirtschaft/job/grundversorgung-das-manische-schauen-auf-arbeit-macht-uns-alle-krank-560218.html (05/30/2015).

[112] Heribert Prantl: Schikane per Gesetz, Süddeutsche Zeitung, 12/27/2014, URL: http://www.sueddeutsche.de/politik/jahre-hartz-iv-schikane-per-gesetz-1.22-81699 (05/30/2015).

[113] Cf. Tagesschau: Wenn Arme keine Sozialhilfe beziehen, Schweizer Fernsehen SRF, 11/24/2012, URL: http://www.tagesschau.sf.tv/Nachrichten/Archiv/2012/11/24/Schweiz/Wenn-Arme-keine-Sozialhilfe-beziehen (05/30/2015).

[114] Lukas Rühli: Einkommen ohne Grund. Warum das bedingungslose Grundeinkommen keines seiner Versprechen hält, avenir standpunkte, no. 5/2014, URL: http://www.avenir-suisse.ch/wp-content/uploads/2014/04/as_grundeinkommen_hp.pdf (05/30/2015).

[115] Cf. Thomas Finkenauer (ed.): Sklaverei und Freilassung im römischen Recht, Berlin 2006; Elisabeth Herrmann-Otto: Sklaverei und Freilassung in der griechisch-römischen Welt, Hildesheim 2009.

[116] Cf. Manuel Alonso Olea: Von der Hörigkeit zum Arbeitsvertrag, Heidelberg 1981; Klaus Adomeit: Gesellschaftsrechtliche Elemente im Arbeitsverhältnis, Berlin 1986; Elisabeth Herrmann-Otto (ed.): Unfreie Arbeits- und Lebensverhältnisse von der Antike bis in die Gegenwart, Hildesheim 2005.

[117] Georg Kreisler: Meine Freiheit, deine Freiheit, URL: https://www.youtube.com/watch?v=u8-4n9yxZ_s (05/30/2015).

[118] Henrik Ibsen: Briefe, Berlin 1905, p. 159.

[119] Cf. Edelman Berland: Edelman Trust Barometer 2015, URL: http://www.edelman.com/news/trust-institutions-drops-level-great-recession/ (05/30/2015).

[120] Jürgen Habermas, Jacques Derrida: Philosophy in a Time of Terror, Chicago & London 2003, pp. 128f.

[121] Cf. Horst W. Opaschewski: Pädagogik der freien Lebenszeit, Opladen 1996.

[122] Friedrich Fröbel: Fortgesetzte Nachricht von der allgemeinen Deutschen Erziehungs-anstalt in Keilhau, Rudolstadt 1823, p. 31.

[123] Cf. Duden: Freizeit, URL: http://www.duden.de/rechtschreibung/Freizeit (05/30/2015).

[124] Cf. Statista: Ernährte Personen durch einen Landwirt in Deutschland bis 2012, URL: http://de.statista.com/statistik/daten/studie/201243/umfrage/anzahl-der-menschen-die-durch-einen-landwirt-ernaehrt-werden/ (05/30/2015).

[125] Harald Welzer: Selbst denken. Eine Anleitung zum Widerstand, Frankfurt 2013, p. 219.

[126] Stefan Brotbeck: "Wir brauchen mehr Muße, um nicht zu verblöden," Basellandschaftliche Zeitung, 01/05/2013, URL: http://www.basellandschaftliche-zeitung.ch/basel/basel-stadt/philosoph-stefan-brotbeck-wir-brauchen-mehr-musse-um-nicht-zu-verbloeden-125868624 (05/30/2015).

[127] Ludwig Hohl: Die Notizen oder Von der unvoreiligen Versöhnung, Frankfurt 1984, p. 36.

[128] Ibid., p. 33.

erciement

Reme

Remerciements

Nos remerciements vont à Isabelle Ablard-Dupin, Jules Ackermann, Selma Bausinger, Ralph Boes, Jean-Paul Brasseur, Barbara Carnevale, Kim-Fabian von Dall'Armi, Louis Defèche, Peter Dellbrügger, Julia Sophia Ebner, Stefan Heinrich Ebner, Tobias Faust, Arabelle Frey, Lilia I. Galarza Orcada, Daniel Graf, Nigel Grünwaldt, Niko Hammann, Tobias Handorf, Georg Hasler, Benjamin Hohlmann, Alexander Höhne, Johannes Jansen, Christine Kovce, Mikael Krogerus, Katrin Kruse, Christina Lambrecht, Andreas Laudert, Maxime Le Roux, Jonas Lismont, Hugo Lueders, Joseph Meyer, Stephan Meyer, Ulrich Muchenberger, Christian Müller, Johanna Niermann, Claire Niggli, Esther Petsche, Ursula Piffaretti, Anne-Marie Prieels, Pola Elena Rapatt, Alma Rau, Konstantin J. Sakkas, Enno Schmidt, Veronika Sellier, Oswald Sigg, Alex Silber, Regula Stämpfli, Armin Steuernagel, Daniel Straub, Philippe Van Parijs, Bodo von Plato, Che Wagner, Theo Wehner, René Wisser, Götz W. Werner, Susanne Wiest, Marilola Wili, Benjamin Worel et à tous les autres.

www.ingramcontent.com/pod-product-compliance
Lightning Source LLC
Chambersburg PA
CBHW060252290526
45789CB00001B/301